东莞"双万"新起点社会科学丛书

东莞疍家探析

RESEARCH ON DONGGUAN DANJIA

陈 婕 著

社会科学文献出版社
SOCIAL SCIENCES ACADEMIC PRESS (CHINA)

序

吴重庆

陈婕著作《东莞疍民探析》即将付梓，值得祝贺！她央我作序，我迟迟不敢答应。我没有专门研究疍民，没有资格来作这个序。只不过因为在研究华南农村的过程中，也留心在意于历史上疍民这一社会弱势人群的境况，包括疍民研究的成果。说起来，我对疍民还有一些感性见闻。

1981年9月，我来中山大学哲学系读书，当时基本上每个周末都前往市区北京路书店看书买书。出北校门，在中大码头搭班船去到对岸北京南天字码头，这是最经济便捷的交通。途中，可见停泊于河南滨江路岸边水面上的连片疍家船，还能眺望疍民劳作之身影。记得是1981年国庆节期间的一个夜晚，这片疍家船不慎失火，火势猛烈，映红了北校门外的天空。此后，珠江市区段，便难得再见到连片疍家船，零星的孤舟单艇当然未绝迹，如中大码头附近就有摇"横水渡"的疍家老妪，身着黑色马蹄袖、宽裤筒，头戴垂檐海笠，将客人摆到对面的二沙岛，收费五角；1995年，我在东莞虎门对面的南沙断断续续做了3个月的田野，那是我学术生涯中的第一次农村调查。在南沙板头村，治保主任黎岳均给我讲东莞明伦堂在南沙的围垦与收租活动。在南沙冬瓜宇村，听村民说即便是 20 世纪 80 年代末，还有"水流柴"来此上岸落户。村民口中的"水流柴"，就是浮家泛宅的蜑民；直到 21 世纪初，我还在广州番禺南浦岛的三支香水道上见到泊在岸边的连家船。

从 2013 年起，我着手做"珠江三角洲民间信仰场所地理空间分布"的调查，不时带学生跑田野，主要围绕作为珠江三角洲核心区域的"南（海）番（禺）顺（德）中（山）"。中山大学历史系刘志伟教授是深耕华南田野的大家，他告诉我，珠江三角洲有民田区和沙田区，民田区里的村庄是团块状的，沙田区里的村庄是条块状的。我到实地一看，果然如此。我深入到沙田区条块状村庄里，基本见不到祠堂，民间信仰场所也少有，这与 90 年前的情况并无二致。1934 年邹庆时在《广东沙田之一面》中指出，"广东农村多聚族而居……数万兄弟，同居一村最为繁盛。而数千数百者则随处有之……惟沙面各农村则不然，多是各族杂居，完全无姓氏之界限，甚至姓氏之观念。虽人口繁多如万顷沙，如渔涡头，亦不见一祠一厅。"① 究其实，新中国成立前在沙田区里劳作的大多是佃耕的蜑民。因为蜑民无权登陆定居，甚至连搭建临时茅棚栖身都成奢望。如《南海县志》记载，洪武十五年（1382 年）三月，县城"蜑户"（水上居民）被编入户籍，组织水军。但直至雍正七年（1729 年）五月，"蜑户可登岸在近水村庄建房居住和耕田"②，也就是说，这在此前是不被允许的；再者，因为居住在沙田区的蜑民——佃户，在层层转租之下承租到的沙田，其地租超高，"蜑民向围管租田，则

---

① 邹庆时：《广东沙田之一面》，载中国人民政治协商会议广东省委员会文史资料研究委员会编《广东文史资料》（第五辑），1962，第 72~89 页。

② 南海市地方志编纂委员会编《南海县志》，中华书局，2000，第 18 页。

依三七分租，即收获后，围管取得七成，佃户得三成也。"① 面对高额地租的剥削，佃户农业经营的规模必须大于非佃户，"在珠江三角洲最肥沃的地区，维持一个最低生活水平的佃户需要六十到七十亩沙田"②，这种耕种规模决定了他们不可能聚居，只能零散地就近在围堤上搭建临时茅舍。20 世纪 30 年代陈翰笙在番禺做调查时发现，他直接调查过的 10 个代表性村落没有 1 个在沙区，在通讯调查的 51 个村子中也只有两个是在沙区。③ 刘志伟在 20 世纪八九十年代做珠江三角洲田野调查时也发现，"我们今天在沙田区所见的村落大部分是人民公社时期为集体出工方便聚集而成的。我们在这些沙田区的乡村考察时，既没有见过祠堂，神庙也几乎不存在"④。

新中国成立后，沙田区完成土地改革，疍民翻身做主人，就地分得土地。随后在集体化过程中组建生产队，在堤岸上定居并聚居。所以，今天沙田区的村庄因人们在堤围聚居而呈条块状，全然不同于民田区团块状的村庄聚居格局。

以上说的是珠江三角洲核心区"南番顺中"的情形。其实，我也一直想了解珠江口东岸东莞范围内东江三角洲（也属于珠江三角洲）里的沙田社会。这次有幸先睹为快拜读陈婕的《东莞疍民探析》，大大丰富了我对疍民的认识。

陈婕本来是中山大学哲学系中国哲学专业毕业的博士，她到东

---

① 谭棣华：《清代珠江三角洲的沙田》，广东人民出版社，1993，第 239 页。
② 陈翰笙：《解放前的农民与地主——华南农村危机研究》，冯峰译，中国社会科学出版社，1984，第 36 页。
③ 陈翰笙：《解放前的农民与地主——华南农村危机研究》，冯峰译，中国社会科学出版社，1984，第 36 页。
④ 刘志伟：《在国家与社会之间：明清广东地区里甲赋役制度与乡村社会》，中国人民大学出版社，2010，第 267 页。

莞市社会科学院工作后，便用力于东莞地方社会研究。陈婕在大量阅读与疍民相关的地方文史资料的基础上，还深入沙田区村庄访谈疍民及其后代，实地感受疍民曾经的生存处境与活动轨迹。所以她能够清晰描述东莞疍民的地理空间分布及其变迁，细致再现东莞疍民日常生计、生活及其社会图景。《东莞疍民探析》不仅有助于历史研究者了解疍民这一社会弱势群体，对今天快速城市化和高速流动中的莞人或者"新莞人"如何不忘这块热土上曾经的漂泊者，也将是功德无量的。

最后还想说一句话，历史上的疍民当然并非什么"他者"，他/她们不过是"我们"中的无力者、无权者和无助者。

2024 年 2 月
于中山大学华南农村研究中心

前　言

早在《隋书·地理志》便已有对疍民的记载。至唐代，疍民多散处于闽粤的滨海地带，以捕鱼采珠为生。宋代以来，疍家便作为一个独特的文化群体而存在，然而曾长期被排除在"四民"之外，备受歧视。明洪武年间，王朝政权逐步将疍民编次里甲、籍入军户，加大对疍民管理的力度。清雍正年间，雍正帝发布开豁广东疍户的上谕①，允许疍民上岸。民国时期，政府明文规定水上居民（疍民）享有国家赋予的一切公民权利和自由，疍民享有了"政令上"的一般人的待遇。但现实中，直至新中国成立前他们仍是被视为"异类"的群体，新中国成立之初差一点成为第 57 个民族。后中央统战部根据"名从主人"和"尊重本民族意愿"的原则，将其划归为汉族，享受与陆上居民同等的待遇。广东省人民政府下令禁止使用"疍民"的名称，内河疍民被称为"水上居民"或"水上人民"，沿海疍民则被称为"渔民"。

从历史来看，广东、广西、福建、海南、湖南、湖北、四川、

---

① 参见《清世宗实录》卷八十一"雍正七年五月壬申"条。

港澳台等地都是疍民活跃的地域，其中尤以珠江下游各支系为多。广东疍民主要分为沙田疍民（沙田区）、咸水疍民（沿海一带）和淡水疍民（内河各支流）。东莞地处珠江口东岸，河涌交错、河海交汇，兼有三种类型的疍民，是岭南疍民分布的主要县市。沙田、虎门、麻涌、石龙、茶山、中堂、石碣等都是疍民曾聚居的地方。顾炎武曾在《天下郡国利病书》中指出东莞一带多见疍民。① 陈序经也指出，东莞各县的珠江主流及支流是珠江流域里疍民最多的地方之一，特别是"东江由广州东往，经过石龙惠州等处，以石龙较多"②。东莞疍家虽已迁居陆地，但疍家特色还可依稀寻得，小部分原疍家人还保留着水上生活的痕迹。

疍民聚集之地多在通都大邑，与城市、社会联系紧密，其历史浮沉是珠江三角洲地方社会变迁的一个缩影，折射了人们的生产方式、生活方式及思维方式。他们的族群来源、生计方式、文化习俗、迁移变化，以及对珠江三角洲的开发、对地方经济的贡献都是岭南历史不可或缺的一部分。在漫长的历史过程中，逐渐形成了居住、婚俗、祭祀、音乐、服饰、饮食等方面的疍家特色文化，沉淀了丰富的物质与非物质文化遗产，承载着丰厚的地方文化记忆。然而，疍家的流动性大、分布广，且自20世纪中叶以来多已上岸生活，传统的生活、生产方式逐渐萎缩，大部分已很难与陆地居民区分，东莞原疍家居住的地区部分也已被改作他用。随着工业化、城市化进程的推进，疍家原生态的生活空间、习俗或将逐渐消失在历史时空中，深入挖掘、整理、研究东莞疍家文化，呈现该群体的历史变迁

---

① 参见（清）顾炎武《天下郡国利病书·广东下·杂蛮》。

② 陈序经：《疍民的研究》，商务印书馆，1946，第53页。

便成了急迫的任务。

　　本书将东莞疍家置于更广阔的社会文化系统中去研究，深究该群体的过往今生，力图呈现其生存的"历史场景"。通过研究东莞疍家的族群来源、人口姓氏、文化习俗、生计转化、生活转变，揭示这个群体与王朝国家、地方社会之间的互动关系。对疍家的习俗、信仰、艺术等进行研究，揭开其衣、食、住、行、育、乐的内涵与形式，阐明东莞疍家在沧海桑田、时空变换中的生存境遇与生活情态。同时，对疍民被歧视的根源、疍民身份的重构、疍民的生存策略等进行研究，追溯历史上疍与汉、民与盗二分的成因，勾画这个群体的身份变迁、自我认同与国家制度、社会文化、社会心理的关系。尝试探析东莞疍家在区域文化乃至在中国社会发展过程中的作用，阐述曾经存在或者是被标签性存在的群体对于我们思考与认识中华民族发展脉络、文化传统和社会结构的意义，以期深化岭南地区疍民的研究，助益地方历史文化的保育。

目 录
Contents

绪　论 ……………………………………………………………… 1

第一章　东莞疍家族群的内涵与特质 ……………………………… 9

第一节　东莞疍家的称谓 …………………………………… 10

第二节　东莞疍家族群的传说 ……………………………… 17

第三节　东莞疍家的族群来源与特性 ……………………… 26

第四节　东莞疍家的姓氏与宗族 …………………………… 37

第二章　东莞疍家的地理分布及历史变迁 ………………………… 55

第一节　东莞疍家的地理分布 ……………………………… 55

第二节　东莞疍家分布的变迁 ……………………………… 69

第三节　东莞疍家的空间分布及其变迁的特点 …………… 77

第三章　东莞疍家与王朝国家及地方社会的关系 ………………… 85

第一节　儒家正统语境下的疍家身份危机 ………………… 85

第二节　王朝国家政权对东莞疍家的管治 ………………… 91

第三节　东莞疍家与王朝国家互动的维度 ············· 93

第四节　东莞疍家与地方社会共生的调适 ············· 103

第四章　东莞疍家的生计与生活 ·················· 113

第一节　职业生计 ························· 113

第二节　生活日常 ························· 129

第五章　东莞疍家文化图景 ···················· 134

第一节　物质文化景观 ······················ 134

第二节　非物质文化景观 ····················· 145

第六章　东莞疍家的过往今生 ··················· 172

第一节　生存场域的历史浮沉 ··················· 172

第二节　一个即将逝去的族群 ··················· 181

第三节　东莞疍家文化的蜕变 ··················· 190

结　语 ······························· 198

附录一　东莞原疍家访谈纪要 ··················· 200

附录二　走访地建置沿革述略 ··················· 207

参考文献 ····························· 214

后　记 ······························· 225

绪　论

一　研究对象及思路

本书研究对象为东莞疍家①，东莞行政建制的沿革是个复杂的问题，其区域在较长一段历史时期内处于变动的状态。历史上的"东莞"，也曾包括今天的珠海、中山、澳门、深圳、香港等地。"东莞作为广东一个地理概念，或者作为一个地名，背后所涉及的空间变化和行政建制变化之复杂，和其中没有弄清楚的问题之多，是鲜有的。""从汉一直到唐宋明，'东莞'是带引号的，我们只是把它作为一个地理范畴，或者叫'东官'"。从东晋到南朝、隋唐以至明以后，"东莞"的区域一直在变化。② 因而在研究这个区域的疍家

---

① 本书关于东莞"疍家"的称呼，主要考虑其在文本脉络中及历史情境中的实际应用。一般而言，"疍家"可与"疍民""水上居民""水上人民""水上人（家）"互用，并未加以严格的限定与区分，具体称谓的转变在正文中有一定的分梳。

② 刘志伟：《东莞历来都是岭南咽喉地》，《东莞日报》2008 年 9 月 8 日。

群体时，需小心加以分梳。

本书选取东莞沙田、虎门、麻涌、东城、中堂等镇街部分村（社区）作为主要考察对象。尝试将相对零散的历史文献"还原"相对完整的东莞疍家图景，揭示从传统社会向现代社会转变过程中东莞疍家的思想、生活所发生的一系列转变。探寻东莞疍家族群的来源及属性、地理分布及特点、文化习俗的动因与功能、生存状态的历史变迁，以及其与国家、地方社会的内在关联。重点探讨以下问题：第一，从岭南地方社会的角度出发，展示东莞疍家这个群体的来源、发展、消逝（转化）的过程。第二，历史上东莞疍家与国家制度和地方社会的关系，疍家文化与以儒家为代表的主流文化之间的冲突与融合。第三，呈现东莞疍家个体生活经验，揭开个体在社会变迁过程中的主位感受及与当地经济社会的互动关系。第四，通过个案之间的"点""线""面"串联，收集"疍家的记忆"，编织复原"历史现场"。第五，经由勾画东莞疍家与珠江三角洲及其他部分地市的疍家之间的关系，进而探讨区域文化发展问题。

二 东莞疍家研究的现状

近百年来疍民研究的成果涵盖了传统史学、民族史、人类学、社会学、民俗学、音乐学等人文社会科学领域；内容则涉及疍民的来源及族属，明清时期的疍民社会活动，疍民的语言，疍民在区域文化变迁中的角色等。系统的疍民研究肇端于20世纪20年代，主要关注疍民的来源；30年代的研究主要探讨疍民的生活、宗教、信仰、教育、风俗习惯等情况，对疍民族群来源及属性问题的关注也被延续下来，代表人物是罗香林、陈序经、伍锐麟、何格恩等。新中国成立后，在民族识别工作的背景下，一批学者对广东、福建水上居民进行了全面深入的调查，代表人物是陈碧笙、韩振华以及杨成志指导的民族学工作者。20 世纪 60 年代至 80 年代，疍民研究逐渐淡出国内学界。其间疍民研究主要为汉学家所做，集中在中国香港、台湾地区的疍民研究。80 年代后又逐步复兴，呈现多元化的特点。广东地区疍民的研究早在 20 世纪初便已开启，岭南大学、中山大学是研究重镇。就珠江三角洲地区而言，沙南、三水、阳江等地的疍民研究从 20 世纪上半叶便已如火如荼地展开。可以说，学界关于疍民的研究已经积累起相当可观的成果，但对东莞疍家的调查研究寥寥可数，少有钩沉。

专门的东莞疍家研究起步较晚。东莞籍学者张寿祺的《蛋家人》一书及其与黄新美合作的《珠江口水上先民"疍家"考》一文有零星涉及东莞疍家的风俗、职业等内容;① 黄新美等从体质人类学的视角，调查得出虎门地区水上居民属于蒙古利亚人种中的华南人类型的结论，开启了从体质人类学研究疍家群体的先河。② 20 世纪 80 年代中后期，吴建新在《广东疍民历史源流初析》一文中一笔带过东莞茶山地区的疍家人。③ 2012 年他和朱光文在《东莞疍民历史三题》一文中，从东莞疍民的社会生产实践，如贝类养殖业、沙田开发、蚝壳的挖掘等生产活动揭示疍民这个群体对珠江三角洲经济社会的

---

① 张寿祺:《蛋家人》，香港中华书局，1991;张寿祺、黄新美:《珠江口水上先民"疍家"考》，《社会科学战线》1988 年第 4 期。

② 黄新美:《珠江水上居民（疍家）的体质特征》，《贵州民族研究》1990 年第 3 期;黄新美、韦贵耀、张寿祺:《珠江口虎门地区水上居民体质特征调查》，《中山大学学报》（哲学社会科学版）1989 年第 3 期。

③ 吴建新:《广东疍民历史源流初析》，《岭南文史》1985 年第 1 期。

影响和贡献，再现了蛋民这一群体在东莞沿海沙田地带的发展过程中的作为。①《东莞文史》系列有部分涉及东莞蛋家的研究，比如李炳球《清初虎门的迁海》一文对虎门迁海始末及其对东莞经济社会的影响做了详尽的梳理，其中涉及迁海对蛋家生活的影响；② 东莞向来为采珠的重镇，香权根的《东莞采珠》一文梳理了采珠的地点、方法及兴废，历数采珠对蛋家的祸害及背后的威权压迫。③

近十几年来，对东莞蛋家有了一些初步的研究成果，如张振江、陈志伟的《麻涌民俗志：岭南水乡社会研究》一书从民俗学的角度对麻涌的风俗人情等进行了研究，涉及麻涌蛋家大致的来源、变迁及蛋家文化；④ 张振江的《流水·坊巷·人家——村落漳澎的人类学景观》及姐妹篇《漳澎传统村落社会研究》（与朱爱东、罗忱合著）部分内容涉及漳澎蛋家的生活状况；⑤ 陈启文、王十月、詹谷丰等合著的《沧海沙田》对沙田镇蛋家的来源、生活风貌等做了一般的描绘；⑥《记忆沙田》对沙田蛋家的来源、风俗等做了简单的描

---

① 吴建新、朱光文：《东莞蛋民历史三题》，载林有能、吴志良、胡波主编《蛋民文化研究——蛋民文化学术研讨会论文集》，香港出版社，2012，第228~240页。

② 李炳球：《清初虎门的迁海》，载杨宝霖、钟百凌、李炳球编辑《东莞文史》（第二十七辑），政协东莞市文史资料委员会、东莞市虎门镇政府，1997，第27~39页。

③ 香权根：《东莞采珠》，载政协东莞市文史资料委员会编《东莞文史》（第二十八期），政协东莞市文史资料委员会，1998，第200~209页。

④ 张振江、陈志伟：《麻涌民俗志：岭南水乡社会研究》，汕头大学出版社，2008。

⑤ 张振江：《流水·坊巷·人家——村落漳澎的人类学景观》，中山大学出版社，2014；张振江、朱爱东、罗忱：《漳澎传统村落社会研究》，中山大学出版社，2016。

⑥ 陈启文、王十月、詹谷丰等：《沧海沙田》，广东人民出版社，2011。

述；① 朱嫦巧和麦淑贤的《东莞疍民研究》一书对东莞疍民的族群、生产生活、民俗文化变迁等做了初步梳理与分析，分享了虎门新湾社区等地田野调查的资料；② 《莞脉·沙田疍民口述史》一书对 23 名原疍家人进行了访谈，呈现了沙田疍家的历史群像；③ 茆晓君的《疍民围海造田之历史回顾与评析》一文谈及东莞沙田、虎门围海造田、种植莞草的部分历史。④ 东莞疍家音乐方面，有沙田镇文化广播电视服务中心主编的《沙田咸水歌》，该书的"附录"还收集了从宋代到新中国成立后《东莞县志》《竹枝词》、文人骚客诗词歌赋关于东莞疍家的文字；⑤ 另有杨艳的《疍民的精神支柱——咸水歌》《东莞沙田疍民咸水歌探究》《东莞沙田咸水歌的历史变迁初探》，⑥ 王钢滨的《东莞沙田咸水歌的文化观察与分析》，⑦ 贾静波、饶旋的《东莞沙田咸水歌初探》，⑧ 谢永佳的《东莞疍家水上歌谣初探》，⑨

---

① 中共沙田镇委宣传办、沙田镇文化广播电视服务中心主编《记忆沙田》，广东人民出版社，2012。

② 朱嫦巧、麦淑贤：《东莞疍民研究》，广东人民出版社，2018。

③ 沙田镇文化服务中心、沙田镇宣传教育文体旅游办公室编著《莞脉·沙田疍民口述史》，百花文艺出版社，2023。

④ 茆晓君：《疍民围海造田之历史回顾与评析》，《世界海运》2014 年第 7 期。

⑤ 沙田镇文化广播电视服务中心主编《沙田咸水歌》，羊城晚报出版社，2009。

⑥ 杨艳：《疍民的精神支柱——咸水歌》，《大舞台》2010 年第 8 期；《东莞沙田疍民咸水歌探究》，《音乐探索》2014 年第 1 期；《东莞沙田咸水歌的历史变迁初探》，《音乐创作》2016 年第 5 期。

⑦ 王钢滨：《东莞沙田咸水歌的文化观察与分析》，《鸭绿江》（下半月版）2015 年第 10 期。

⑧ 贾静波、饶旋：《东莞沙田咸水歌初探》，载林有能、吴志良、龙家辊主编《疍民文化研究（二）——第二届疍民文化学术研讨会论文集》，香港出版社，2014，第 354~368 页。

⑨ 谢永佳：《东莞疍家水上歌谣初探》，《歌海》2014 年第 3 期。

李萍的《从"他者"到"本土"——民国至今珠江三角洲疍民咸水歌的历史叙事与文化变迁》① 等。在疍家习俗对比方面，有李晓霞的《东莞疍民与雷州渔民风俗习惯异同之比较》，该文从居住、饮食与衣着、婚嫁与丧葬、信仰与崇拜、歌唱与娱乐五个方面探讨了两地疍家风俗习惯的异同。② 关于东莞疍家文化的活化方面，有王钢滨的《疍民文化保护的实践与思考》，③ 杨艳的《民间音乐咸水歌的"生命"延续——论广东咸水歌在东莞松山湖的旅游开发》《东莞咸水歌保护传承与发展新模式初探——以沙田镇旅游开发为例》《如何以计算机音乐制作的方式保护传承咸水歌——以乐谱制作为例》④ 等研究。在疍家人物方面的研究，有杨宝霖的《原籍广东莫登庸所建安南莫氏王朝本末》；⑤ 关于东莞籍名家的疍家研究，则有韩伯泉

---

① 李萍：《从"他者"到"本土"——民国至今珠江三角洲疍民咸水歌的历史叙事与文化变迁》，《中国音乐》2018 年第 6 期。

② 李晓霞：《东莞疍民与雷州渔民风俗习惯异同之比较》，载林有能、吴志良、龙家玘主编《疍民文化研究（二）——第二届疍民文化学术研讨会论文集》，香港出版社，2014，第 280~289 页。

③ 王钢滨：《疍民文化保护的实践与思考》，载林有能、胡波、陈光良主编《疍民文化研究（三）——疍民文化学术研讨会论文集》，中山大学出版社，2018，第 326~331 页。

④ 杨艳：《民间音乐咸水歌的"生命"延续——论广东咸水歌在东莞松山湖的旅游开发》，《大众文艺》2014 年第 10 期；《东莞咸水歌保护传承与发展新模式初探——以沙田镇旅游开发为例》，载林有能、胡波、陈光良主编《疍民文化研究（三）——疍民文化学术研讨会论文集》，中山大学出版社，2018，第 343~349 页；《如何以计算机音乐制作的方式保护传承咸水歌——以乐谱制作为例》，《岭南音乐》2016 年第 4 期。

⑤ 杨宝霖：《自力斋文史农史论文选集》，广东高等教育出版社，1993，第 148~163 页。

的《东莞籍研究蛋家名家张寿祺——读〈蛋家人〉》。① 此外，吴永章、夏远鸣的《疍民历史文化与资料》一书搜罗了部分与东莞疍家相关的文献资料。②

　　改革开放以来编纂的东莞地方志书部分也涉及东莞疍家的内容，如《东莞市志》③《东莞市海洋与渔业志》④《东莞市沙田镇志》⑤《东莞市虎门镇志》⑥《东莞市万江区志》⑦ 以及广东省人民政府地方志办公室编的《全粤村情·东莞市卷》⑧ 等。学界出版的一些关于疍民的研究成果，对本书的写作思路也有一定的启发。由广东省社会科学界联合会等单位主办的历届"疍民文化学术研讨会"，其研讨成果已陆续结集公开出版，目前已形成了《疍民文化研究——疍民文化学术研讨会论文集》⑨、《疍民文化研究（二）——第二届疍民文化学术研讨会论文集》⑩、《疍民文化研究（三）——疍民文化

① 韩伯泉：《东莞籍研究蛋家名家张寿祺——读〈蛋家人〉》，载林有能、吴志良、龙家玘主编《疍民文化研究（二）——第二届疍民文化学术研讨会论文集》，香港出版社，2014，第457~459页。

② 吴永章、夏远鸣：《疍民历史文化与资料》，广东人民出版社，2019。

③ 东莞市地方志编纂委员会编《东莞市志》，广东人民出版社，1995。

④ 《东莞市海洋与渔业志》编纂委员会编《东莞市海洋与渔业志》，广东人民出版社，2014。

⑤ 中共沙田镇委员会、沙田镇人民政府编《东莞市沙田镇志》，2003。

⑥ 《东莞市虎门镇志》编纂委员会编《东莞市虎门镇志》，广东人民出版社，2010。

⑦ 《东莞市万江区志》编纂委员会编《东莞市万江区志》，中华书局，2010。

⑧ 广东省人民政府地方志办公室编《全粤村情·东莞市卷》，华南理工大学出版社，2017。

⑨ 林有能、吴志良、胡波主编《疍民文化研究——疍民文化学术研讨会论文集》，香港出版社，2012。

⑩ 林有能、吴志良、龙家玘主编《疍民文化研究（二）——第二届疍民文化学术研讨会论文集》，香港出版社，2014。

学术研讨会论文集》① 等学术成果。贺喜、科大卫主编的《浮生：水上人的历史人类学研究》②，吴水田的《岭南蜑民文化景观》（与陈平平合著）③、《话说蜑民文化》④，刘志伟的《在国家与社会之间：明清广东地区里甲赋役制度与乡村社会》⑤，杨培娜的《生计与制度——明清闽粤滨海社会秩序》⑥ 等著作也涉及部分蜑家生产生活的社会制度和文化背景。前人的研究为本书的写作提供了部分指引，而系统地探索东莞蜑家历史浮沉关涉的问题则仍有待发覆。

---

① 林有能、胡波、陈光良主编《蜑民文化研究（三）——蜑民文化学术研讨会论文集》，中山大学出版社，2018。
② 贺喜、科大卫主编《浮生：水上人的历史人类学研究》，中西书局，2021。
③ 吴水田、陈平平：《岭南蜑民文化景观》，社会科学文献出版社，2017。
④ 吴水田：《话说蜑民文化》，广东人民出版社，2013。
⑤ 刘志伟：《在国家与社会之间：明清广东地区里甲赋役制度与乡村社会》，中国人民大学出版社，2010。
⑥ 杨培娜：《生计与制度——明清闽粤滨海社会秩序》，社会科学文献出版社，2022。

第一章　东莞疍家族群的内涵与特质

　　关于族群的界说，众说纷纭，见仁见智。"族群"和"民族"均来源于西方，最早是在20世纪30年代开始使用的。"族群"这一概念于20世纪70年代被引入我国，之前的学者在使用"族群"和"民族"时并未作出明晰的区别。"20世纪80年代至今的人类学研究里，族群研究是最值得讨论的一个领域。因为族群（ethnic group）及其相关概念发端于欧美，被引入中国学术界后成为最具活力的领域之一。同时，族群研究也是较难以评价的一个领域，因为关于'族群'概念及其相关研究的认知多有歧见。"自面世以来，"族群"的概念不断地被修订与补充。《哈佛美国族群百科全书》认为，"族群是超越了亲属、邻里和社区的，共享历史记忆、血统、语言、信仰的，由主观意识所维系的群体。"① 这个定义充分考虑到边界和内涵的综合。经过多年的讨论，"社会科学家对族群研究已经达成一个

---

　　① 周大鸣：《关于中国族群研究的若干问题》，《广西民族大学学报》（哲学社会科学版）2009年第2期，第2、3页。

有意义的共识，即'族群'并不是单独存在的，它存在于与其他族群的互动关系中。简单地说，没有'异族意识'就没有'本族意识'，没有'他们'就没有'我们'，没有'族群边缘'就没有'族群核心'"。① 麻国庆认为，"'民族'概念的演变是从模糊到明确的过程，而'族群'的使用则是从清晰到暧昧的过程"，"'族群'成为了一个弹性极大的概念"，"但其价值正在其模糊性本身"。"从认同出发的族群研究对于区域文化、族群关系等变动不居的问题往往能恢复其复杂性，从而有助于揭示问题的本来面目。"从方法论上讲，"'族群'概念则以人群的分与合揭示了现实社会的变化过程，有助于展现历史进程中的复杂细节"。②

第一节　东莞蛋家的称谓

一　他称："蛋""蜑""蜒""但"

历史上"疍"的称呼有"蛋""蜑""蜒""但"等。各种称呼往往与疍家来源的学说或传说相关。据陈序经的研究，关于疍民起源的传说或学说有 30 余种，他将其归纳为 6 种，并援引史料，条分缕析，逐一剔出其中不合理的成分，对一些说法予以驳斥，对一些学说或传说表示存疑。他认为，以疍民的体格或疍民所有艇舶形状

① 周大鸣：《论族群与族群关系》，《广西民族学院学报》（哲学社会科学版）2001 年第 2 期，第 14 页。

② 麻国庆：《明确的民族与暧昧的族群——以中国大陆民族学、人类学的研究实践为例》，《清华大学学报》（哲学社会科学版）2017 年第 3 期，第 124、114、124 页。

像"蜑"而被称呼为疍的说法不可信。从疍字来解释疍民的来源的诸多说法也颇有牵强。以疍民为某种动物演变而来，更不可作为事实。疍民乃汉族之说，固很少有人主张，疍民乃别的民族的别名或其支流之说，也缺乏确实的证据。① 今举其荦荦大端如下。

（一）以"蜑"为南方一少数民族

《说文新附·虫部》解曰："蜑，南方夷也。从虫，延声。"又如柳宗元《岭南节度飨军堂记》有"胡夷蜑蛮"，蒋之翘辑注："南方夷曰蜑。"再如徐铉于北宋初奉勅校定《说文解字》，把"蜑"字收入卷十三《新附》里说："南方夷也，从虫，延声，徒旱切。"②

（二）以"蜑"为南方一海上种族

《资治通鉴·宋纪十五》载荆州刺史沈攸之所言，"至于扑讨蛮、蜑，克清江、汉，不敢有辞"，胡三省注引毛晃曰："蜑，南方海种也。"③

（三）以舟楫为居、采海为生作为分辨"蜑"的要素

明代田汝成《炎徼纪闻》提及当时广东蛋人乃靠近水滨居住，

---

① 6种说法即"从疍民的体格或疍民所有艇舶形状说明其来源"、"从疍民的疍字解释其来源"、"以疍民乃由某种动物而来"、"以为疍民乃来自某一个地方"、"以为疍民乃始于某一时代"和"以为疍民乃始于某种民族的别名或其支流"。陈序经同时指出，分类固然是为了研究学问与解释现象上的方便，也不能为了分类而失却某种传说或学说的整体意义。参见陈序经《疍民的研究》，商务印书馆，1946，第1~44页。

② 参见宗福邦、陈世铙、萧海波主编《故训汇纂》（下卷），商务印书馆，2003，第2010页。

③ 参见何格恩《蜑族的来源质疑》，《岭南学报》第五卷第一期，1936，第31页。

以船为家，或搭"水栏"为屋，以钓鱼为业。① 屈大均说："诸蛋以艇为家，是曰蛋家。"② 明末清初顾炎武《天下郡国利病书》载："蛋户者，以舟楫为宅，捕鱼为业，或编篷濒水而居，谓之水栏。"③ 明万历年间王士性在考察广东后说，廉州中国穷处，其俗有四民：一曰客户……二曰东人……三曰俚人……四曰蛋户，舟居穴处，仅同水族，亦解汉音，以采海为生。④ 关于"舟居""穴处"之于疍家内涵界定的意义，何格恩做了辨析，他认为蜑族本非水居，《北史》《隋书》都说蜑族"随山洞而居"，韩愈也说"林蛮洞蜑"，可知在唐代以前蜑族是穴居野处，和其他陆上居蛮没有什么分别。直至北宋初年《太平寰宇记》始说"蜑户，县所管，生在江海，居多舟船"，可见其改变生活方式是在唐宋之间。陈师道《后山谈丛》载："二广居山谷间不隶州县，谓之徭人，舟居谓之蜑人，岛上谓之黎人。""蜑"和陆上居蛮始有区别。⑤

（四）以"蜑"为"蜒"，蛮族之一

《集韵·缓韵》："蜑，蛮属。"《晋书音义》载"蜑，或作蜒"，同书引《文字集略》曰："天门蜑，蛮属。"南蛮不限于蜑族，蜑族为蛮族之一，这种看法屡见于省县方志。⑥

---

① （明）田汝成：《炎徼纪闻》卷四《蛮夷》。

② （清）屈大均：《广东新语》（下），中华书局，1985，第485页。

③ （清）顾炎武：《天下郡国利病书·广东下·杂蛮》。

④ （明）王士性：《王士性地理书三种》，周振鹤编校，上海古籍出版社，1993，第365页。

⑤ 参见何格恩《蜑族的来源质疑》，《岭南学报》第五卷第一期，1936，第31～32页。

⑥ 参见何格恩《蜑族的来源质疑》，《岭南学报》第五卷第一期，1936，第31～32页。

（五）以"疍"字本作"但"，蛮族之一

《淮南子·说林训》："使但吹竽，使氏厌窍，虽中节而不可听，无其君形者也。"①《吴下方言考》认为"疍"与"蜑"本作"但"，《辞源》亦云："蜑户亦作疍户，本作但，南蛮之一种。"罗香林以越王不习闻籁，"但"不善竽或为当时越国风气使然，推出"但"诚有可能为疍之别属的论断。②

（六）以职业区分"蜑"内部的类别

顾炎武《天下郡国利病书》引《潮州志》言疍家"不事耕织，唯捕鱼装载以供食"③。其人也不全是靠捕鱼为生，如周去非在《岭外代答》中便曾提及"钦之蜑有三：一为鱼蜑，善举网垂纶；二为蚝蜑，善没海取蚝；三为木蜑，善伐木取材"。另，"广州有蜑一种，名曰卢停"；而钦州博易场又有所谓"交趾蜑"。④

（七）以"蛋"言"疍"

据说，因疍家人像鸡蛋壳一样脆弱，船篷在海上远远望去像半个鸡蛋壳，故名"蛋"民。

---

① 刘文典：《淮南鸿烈集解（下）》，冯逸、乔华点校，中华书局，2018，第682~683页。"氏"又作"工"，参见何宁《淮南子集解（下）》，中华书局，2018，第1189页。

② 参见罗香林《唐代蜑族考》（上篇），中山大学《文史学研究所月刊》第二卷第三、四期合刊，1934，第126页。

③ （清）顾炎武：《天下郡国利病书·广东下·杂蛮》。

④ （宋）周去非：《岭外代答》卷三《蜑蛮》、卷五《钦州博易场》。

（八）以"獭"称"疍"

有言因船上空间限制，疍家终日需弓背蜷缩，举手投足状似水獭，故名曰獭。

此外，又有人称"疍"为鲸鲵族、蛟种、曲蹄（裸蹄）的，所举"他称"或多或少带有侮辱性的意味，特别是"獭""曲蹄（裸蹄）"诸说，诚不足取。张寿祺指出，"蛋家"一词原本不含贬义，是指那些以小舟（艇）为居室进行水上作业的人群。这个人群世世代代生活于江河和海滨，他们所过的生活方式，文化形态上的表现，乃至其所处的生态环境有着密切关系。这个水上居民群对我国南方渔业的发展，对岭南各江河三角洲以及滨海地区特别是珠江三角洲地方经济繁荣，有其不可磨灭的功绩。①

二 自称：龙户、龙神、龙种、龙人

疍家自称"龙户"，多见于明清人笔记著述。虽然唐代韩愈《韩昌黎集》卷十《送郑尚书赴南海》提及"龙户"一说，"衙时龙户集，上日马人来"，但并未确认"龙户"是疍家。据何格恩研究，有许多刊本注说，"龙户采珠户也，南海亦谓之蜑户"。不过，不能确证这是韩愈本人注还是他人注。"在唐宋人的著作里面，很少见到'龙户'二字，而在明清人的著述里面，说'蜑户亦称龙户'的，却大不乏人"。②

---

① 张寿祺：《蛋家人》，香港中华书局，1991，第209~210页。
② 参见何格恩《蜑族的来源质疑》，《岭南学报》第五卷第一期，1936，第33页。

明代邝露有"蜑人神宫，画蛇以祭，自云龙种。浮家泛宅，或往（一本作住）水浒，或住水澜（一本作栏）。捕鱼而食，不事耕种，不与土人通婚。能辨水色，知龙所在，自称龙神（一本有人字），籍称龙户。"① 之说。又如"蜑人，濒海而居，以舟为宅，或编篷水浒，谓之水栏。以渔钓为业，辨水色以知龙居，故又曰龙人"②。再如屈大均所云："蜑人善没水，每持刀橹水中与巨鱼斗。……昔时称为龙户者，以其入水辄绣面文身，以象蛟龙之子。行水中三四十里，不遭物害，今止名曰獭家。女为獭而男为龙，以其皆非人类也。"③清人张渠说："蜑人，以舟为室，以罟为田，由来已久。《南海记》谓蜑有三：一为鱼蜑，善举网垂纶；二为蚝蜑，善没海取蚝；三为木蜑，善伐树木；统称龙户。以其入水辄绣面文身如蛟龙状，使龙认为己类，不至吞噬。其神宫画蛇以祭，自称龙种。昌黎诗所谓'衙时龙户集'是也。每岁计户稽船，征其鱼课，隶河泊所。"④

蜑民崇拜蛇，视蛇为始祖，称蛇为"小龙"，也自称"龙种""龙人"。在闽江流域流传这样一种说法：有一女子因吃了闽江上游漂下的一粒果子而怀孕，生下一个满身长满黑色鳞片的"龙人"，这个"龙人"善驾舟和捕鱼，曾跃身入江与水怪角斗。后人感其德，称"龙人"活动及与水怪角斗的地方为"乌龙江"（闽江下游一段

---

① （明）邝露：《赤雅》卷上《蜑人》。
② （明）田汝成：《炎徼纪闻》卷四《蛮夷》。
③ （清）屈大均：《广东新语》（下），中华书局，1985，第485～486页。
④ （清）张渠、（清）陈徽言撰《粤东闻见录　南越游记》，程明、谭赤子校点，广东高等教育出版社，1990，第59页。

江），疍家就是龙人后裔。①

三　今称："水上居民""水上人民""渔民""水上人"

民国时期，一些具有民主平等思想的知识分子，认为"蜒"或"蛋"形旁从虫，含歧视之义，故新造"疍"字以代之。② 新中国成立后，疍家与陆地居民渐渐融合，这一族群逐渐淡出人们的视野，渐至消亡的边缘。新中国成立初期，因"疍家""疍民"的称呼带有歧视性，政府改称这个群体为"水上居民"或"水上人民"，陆续颁发了一系列消除对疍民群体的歧视的文件。如 1950 年政务院发出《关于废除对海上渔民"疍家"侮辱称号的通知》；1950 年 11 月，广州市第三届人民代表会议通过《提高水上人民地位，取消侮辱水上人民"疍家"的称呼》。1951 年 5 月，政务院发出《中央人民政府政务院关于处理带有歧视或侮辱少数民族性质的称谓、地名、碑碣、匾联的指示》；同年 7 月，广东省决定沿海各县应即着手筹划建立渔民新村，解决水上人民上岸定居问题。1953 年 7 月，广东省人民政府重申《关于疍民应改称"水上人民"并特殊照顾其政治地位》。在广东省政府的命令禁止下，"疍民"的称呼在新中国成立初期的公文里一度消失，内河疍民被称为"水上居民"或"水上人民"，沿海疍民则被称为"渔民"。新中国成立后，东莞地区的疍民虽在沙田、虎门、麻涌、中堂等镇街的一些村落有存留，但大多数已经以建造大沙田及从事远洋捕鱼、水上运输为业，渐成现代"渔民"。

---

① 参见刘介民《疍民民俗艺术的文化内涵》，载林有能、吴志良、胡波主编《疍民文化研究——疍民文化学术研讨会论文集》，香港出版社，2012，第 329~337 页。

② 詹坚固：《试论蜒名变迁与蜒民族属》，《民族研究》2012 年第 1 期。

新中国成立后一段时期，沙田的疍民曾被称为"围口人"，而虎门、麻涌地区的疍民渐被称为"渔民"。这里需特别提出的是，疍民与渔民存在一定的区别。可以说，渔民不一定是疍民，可能是陆上人；疍民也不一定专事捕鱼。历史上渔民的构成情况较为复杂，他们不是一个内部一致的群体，但其中的一大类是旧时通常被歧视性地称为"疍民"的人群。这个群体历史上的称呼也不一致，旧时各地差不多都笼统地称为"疍家""船民""水疍"，等等。① 此外，亦有用"水上人"称呼疍家的。贺喜认为，"'水上人'不是一个贬义词，'水上人'不同于'疍'。'水上人'是学者用的名词。但是，他们一方面表示他们的'正统'，同时也有他们的认同。我们从观察者所看到的同异，与他们建构的'正统'，不一定吻合。"② 有趣的是，真正在疍民群体中使用的不是政府规定的"水上居民""水上人民"的称呼，在新中国成立初期及以后的几十年间，更多地被使用的称谓是"围口佬""渔民"，"渔民"这个称呼在当下显得更为常见和"正常"。"水上居民""水上人民"这种"平等"的、"尊重他者"的、文雅的称呼也是他人给予"原疍家"群体的，在东莞可能是与岭南地区其他民系对等的称呼。

第二节　东莞疍家族群的传说

东莞东靠山、南面海、西北靠江，依托母亲河——东江，勾连

---

① 张振江、陈志伟：《麻涌民俗志：岭南水乡社会研究》，汕头大学出版社，2008，第342页。

② 贺喜、科大卫主编《浮生：水上人的历史人类学研究》，中西书局，2021，第396页。

陆海。在生产生活、风俗习惯、使用语言等方面，东莞人大部分属广府民系，少部分为客家民系。其中，位于沿海、东江下游一带以及水乡片区的部分村落，多带有疍民文化生活习俗。广府、客家、疍家以及华侨等文化在东莞交融演绎，本土、外来文化在此融汇、兼收并蓄。① 从东莞很多宗族族谱可见，东莞人的祖先多从外地迁入。唐宋时从粤北、粤东等地渐次流入，至明清时期达到高峰。归纳起来，东莞族群来源大致有四：一是从南雄珠玑巷转迁；二是从潮汕、梅州地区转迁；三是从广州府和惠州府两地转迁；四是原有居民。疍家来源的传说无疑受到这些族群来源及迁移的叙说或传说的影响，然而又有疍家特出的源流叙说，兹将文献中可见的关于东莞疍家来源的说法归纳如下。

一 卢循遗种

这是一种比较普遍的说法。宋代周去非的《岭外代答》载："广州有蜑一种，名曰卢停，善水战。"② 《古今图书集成》卷一千三百〇八《广州府风俗考》载：

> 俚俗有三：曰蜑户……故又曰龙户，即今蜑家。编在河泊所者。曰卢亭，在州城东南百里，以采藤蛎为业……相传为卢循遗

---

① 参见广东省人民政府地方志办公室编《全粤村情·东莞市卷》，华南理工大学出版社，2017。

② （宋）周去非：《岭外代答》卷三《蜑蛮》。吴永章认为此说甚是，卢亭为疍人一支无疑。疍民中包含一些卢循余部的观点也是可取的。参见吴永章《卢亭族属考辨》，载林有能、胡波、陈光良主编《疍民文化研究（三）——疍民文化学术研讨会论文集》，中山大学出版社，2018，第29~33页。

种，故名曰马人。①

清代东莞茶山邓淳《岭南丛述》载：

> 广州有蜑一种，名卢亭，善水战。……大奚山三十六屿，在莞邑海中，水边岩穴多居蛋蛮。种类或传系晋海盗卢循遗种，今名卢亭，亦曰卢余。似人非人，兽形鸟舌，椎髻裸体，出没波涛，有类水獭。往往持鱼与渔人换米，或迫之则投水中，能伏水三四日不死，出复如旧。率食生物，以鱼鳖为饔飧。其捕鱼使人张罾，则数人下水，引群鱼入罾内，既入，引绳示之，则举罾并其人以上。正德中，其人入水时，偶值飓风不能起，潜游数月至香山。见罾以为己物，乃坐其中，为人所获，执以赴官，或识之曰："此卢亭也"。初获，言语不通；久之，晓汉语，询之信然。②

此处之"卢亭"，或为某一东莞蛋家人的名字转称，或曰东莞一带的蛋家群体都被称为"卢亭"，不可得知。然可知莞属三十六屿（今香港大屿山一带）有相传为晋代卢循后代或余部的蛋民。但考之《晋书》，亦未见卢循遗种水居的记载，且前引《广州府风俗考》中亦点明是"相传"，非肯定口吻。唐代刘恂《岭表录异》载：

> 卢亭者。卢循昔据广州，既败，余党奔入海岛野居，惟食

---

① （清）陈梦雷等原辑，蒋廷锡等重辑《古今图书集成》卷一千三百〇八《广州府风俗考》。

② （清）邓淳编辑，陈文英参订《岭南丛述》卷五十七《诸蛮》"蜑人""卢亭"条。

蚝蛎，叠壳为墙壁。①

对此，陈序经认为，"卢循非水居，乃奔入海岛野居，且叠蚝蛎之壳为墙壁，明显其和舟居蜑民不同。"② 又如顾炎武所说：

> 卢亭亦曰"卢余"，在广州城东南百里，以采藤蛎为业。……相传为卢循遗种，……能伏水中数月，此其异于蛋而类于鱼者也。③

再者，如《太平寰宇记》载：

> 卢亭户，在海岛中，乘船捕海族蚝蠔蛤蛎为业。④

此为"蜑非卢循遗种水居"的又一例证。又如清代张渠《粤东闻见录》载：

> 卢亭，亦名卢余。传系晋海盗卢循遗种，老万山、大奚山多有之。似人非人，兽形鸠舌，椎髻裸体。出没波涛，率食生物。见人则惊怖入水，伏水中旬日不死。其捕鱼，使人张罾则数人下水，引群鱼入罾内。既入，引绳示之，则举罾并其人以上。尝值飓风潜游至香山，见罾以为己物，坐其中。人执以送官，有识者曰："此卢亭也。"初获，言语不通。久之通汉语，著衣食五谷。《国语》曰："鼋、鼍、鱼、鳖之与处，蛙、黾之同渚。"不图世间，果有其人。此即蜑人亦羞与为伍矣。⑤

---

① （唐）刘恂：《岭表录异》（卷上）。
② 陈序经：《蜑民的研究》，商务印书馆，1946，第25页。
③ （清）顾炎武：《天下郡国利病书·广东下·杂蛮》。
④ （宋）乐史：《太平寰宇记》卷一百五十七《岭南道一》。
⑤ （清）张渠、（清）陈徽言撰《粤东闻见录　南越游记》，程明、谭赤子校点，广东高等教育出版社，1990，第60页。

书中将"蛋人"和"卢亭"分列，并指出"蛋人"也羞与"卢亭"为伍。诚然可见，莞邑之疍家似也不能概以卢循遗种论之。

二 蒙古族后裔

东莞地区，特别是沙田地区流传得最广的疍家来源的说法是——蒙古族后裔。《记忆沙田》中记载：

> 在沙田，流传最多也最贴近现实的说法是，他们源于一代天骄成吉思汗的蒙古族。每个朝代都有由盛而衰的历程，元朝也不例外。成吉思汗率领蒙古铁骑横扫大半个东欧，却战死在西夏皇城的城墙下。之后的几十年间，战乱不断，风雨飘摇。许多蒙古族的乱军被迫南下，走到哪里，便住到哪里。沿途到处抢掠，与抢来的南方女子成婚，繁衍后代。就这样一直漂泊流浪到南方，到了沿海各地，为当地人所不容，有一批人做了海盗，在附近以抢掠为生；而有一批人只得在船上漂泊，以捕鱼为生，以一帆扁舟为家，受尽苦难，最后成为了沙田的"疍民"。[①]

又如：

> 具体到珠江口和沙田一地的疍民，流传最多的说法是，他们原本是元朝灭亡后的蒙古人后裔，为避汉人报复，许多蒙古人为躲避北方的战乱被迫南下，沿途到处抢掠，并与抢来的南方女子成婚，繁衍后代。就这样，他们一直漂泊流浪到南方沿

[①] 中共沙田镇委宣传办、沙田镇文化广播电视服务中心主编《记忆沙田》，广东人民出版社，2012，第8~9页。

海之地，又为当地人所不容，有一批人做了抢劫为生的海盗，而更多的人则成了漂泊无岸的疍民，这也是包括沙田在内的广东沿海许多疍民认同的祖先。①

再如：

> 沙田的疍民，对自己的来历，有着与众不同的说法，不少人说他们是源于一代天骄成吉思汗的蒙古族。元朝末年的几十年间，战乱不断，风雨飘摇，许多蒙古族的乱军被迫南下，走到哪里，住到哪里。沿途到处抢掠，与抢来的南方女子成婚，繁衍后代。就这样一直漂泊流浪到南方，到了沿海之地，为当地人所不容，有一批人做了海盗，在附近以抢掠为生；而有一批人只得在船上漂泊，以捕鱼为生，以一帆扁舟为家，受尽苦难，而后者则成为了沙田的"疍民"。②

三种说法如出一辙，在作者的笔下，东莞沙田疍家为蒙古族后裔与南方女子结合的后代。这种传说原来也为福建疍家人所引用，但其最初的出处未能确证。类似的，粤东汕尾后船疍民的来源也有"元番种"之说：

> 宋亡，元番统治中国，每三户共用一把刀，每三户供养一个元番。当汉人娶老婆时，要先给元番享受，由于元番统治压迫太深了，汉人就起来反抗，把"大杀元番"字条夹入月饼内，

---

① 陈启文：《沙田——新世纪的跨越与崛起》，载陈启文、王十月、詹谷丰等《沧海沙田》，广东人民出版社，2011，第 9 页。

② 熊育群：《沙田，水与天的历史和文化》，载陈启文、王十月、詹谷丰等《沧海沙田》，广东人民出版社，2011，第 164~165 页。

到了某年八月十五日吃月饼，大家就起来杀元番。当时住在惠来县览表乡的元番，有少数受到该乡人的掩护，后与婢女结了婚，人口逐渐增多，取苏、李、徐、钟、郭等五姓。汉人便以报复的手段来虐待他们，不许他们在陆上居住，剥夺他们一切权利。①

据广东省民族事务委员会调查组所调查的情况，不少关于疍家的历史传说大致可分为两类：一是与宋昺有关；二是与"元番"有关。他们在甲子、碣石和惠来县览表乡等三地了解到，不仅陆上汉族人说后船疍民是"元番"的后裔（"元番种"），后船疍民自己也说他们的先祖是"元番"，一如传说所述被迫落海的故事。后船疍民五个姓都出自"元番种"。特别是甲子的后船疍民，1950 年 7 月在甲子派出所的户籍备查簿将他们的族别填为"蒙古族"，而惠来县览表乡也流行这种说法，称他们吴姓的祖先为"番祖吴"。② 这些说法较东莞地区的更为详尽，而且将汉族与疍家的祖先——蒙古族人之间的冲突与斗争都表露出来，叙事中或折射了汉—疍冲突的因子和家国情仇。

三　色目人后代

陈序经指出，蒙古人建立元朝以后，"恐汉人反叛，故对待汉人特别残酷与刻薄，同时又纵色目人监督汉人，而色目人借势欺辱汉人，因此之故，汉人对色目人恨之刺骨，元亡后，汉人乃逐之江海中，不准登

---

① 广东省民族研究所编《广东疍民社会调查》，中山大学出版社，2001，第 69 页。

② 参见广东省民族研究所编《广东疍民社会调查》，中山大学出版社，2001，第 69 页。

岸，而成为疍人"。① 东莞也有部分疍民认为自己是色目人后代。

四　越族遗裔

关于东莞疍家的来源，也有为学术界所熟知的越族遗裔之说：

> 疍民先民应为百越的一支，在经济、文化及风俗习惯上，源远流长。断发文身，据说下水可避蛟龙伤害。疍民是越人与中原南迁人士融合，断发文身习俗不存。在秦汉时代，越人受国内政治形势的影响，都曾发生大规模的迁徙现象。从事农业的越人逃向山林，以渔为业的水居越人以及部分从事农业的越人则流落江海之上，成了疍民。……南越国灭亡以后，南越王"与其属数百人亡入海，以船西去"，散布在珠江三角洲及沿海各地。这是南越族第二次迁徙活动，成为后来的广东水上居民，也就是宋代以后所称的"疍家"。②

此处点明东莞疍家先民是百越的一支，其族群来源于越人与中原南迁人士之间的融合。

五　宋裔一脉

清代中期的诗人李黼平在《镇口竹枝词》（四）有言："双虎崔嵬插汉间，寒潮呜咽打船还。遗民岂复知朝代，爱看官家驻跸山。"

---

① 陈序经：《疍民的研究》，商务印书馆，1946，第29页。
② 沙田镇文化广播电视服务中心主编《沙田咸水歌》，羊城晚报出版社，2009，第196~197页。

据研究，南宋皇室及军队曾驻沙田，地点就在阁西山，即今之沙田镇中心区。退一步说，大小虎山上所居也应是沙田蛋民，南宋皇室也居于沙田蛋家。清末至新中国成立初，大小虎山上住上麻风病人后，蛋民才不到山上。① 东莞沙田部分蛋家认为其祖先可能来自南宋帝昺的遗脉。

六　闽越国遗民

东莞蛋家有人认为自己的祖先源自闽越国遗民，也有部分人认为自己的祖先是9世纪时的福建原有居民。东南沿海一带的蛋民郭姓、倪姓的人特别多。相传这两姓原本是闽越国权臣的姓氏，在汉武帝攻打闽越国时他们率军极力反抗，最终遭到惨烈的失败，闽越国被灭亡后，他们便成了被驱赶到海上的蛋民；也有蛋民将祖先追溯到9世纪王审知入闽时被夺去田地、驱入水中的福建原有居民。②

七　其他传说

沙田古仔（故事）还有另外的传说：从前某个皇帝被一户水上人家救了，那水上人叫赵蛋，皇帝感激他，称可以答应他一个要求，他居然要皇帝穿的衣服，皇帝一怒就把他赶到海里去，幸好赵蛋会游泳，在皇帝走后慢慢游了回来，后来人们将他这样的水上人称为蛋民。③ 这当然

① 参见沙田镇文化广播电视服务中心主编《沙田咸水歌》，羊城晚报出版社，2009，第196~197、203页。
② 参见陈启文、王十月、詹谷丰等《沧海沙田》，广东人民出版社，2011，第9页。
③ 参见中共沙田镇委宣传办、沙田镇文化广播电视服务中心主编《记忆沙田》，广东人民出版社，2012，第108页。

纯属虚构,但是透出一点信息,即疍家人得罪了皇帝,不为最高统治者所认可,这个脆弱的群体与皇权之间有缝隙。此外,东莞沙田地区还流传着一个久远的宿命式的传说——"远古时,天上掉扫帚,在地为汉,在水为疍"。疍家人也自嘲"从天脚底过来的"。关于沙田疍家来源的传说,比如元番种、卢循后代、南宋皇室赵昺一脉等,疍家 G 叔认为这几种都有可能。不过,他有自己的一种推断。有一次到云南采风写生的时候,他看到沙田人的长相、打扮、服饰跟云南那一带的哈尼族很相似,于是他猜想疍家有可能是从那边过来的,即蒙古人一部分从云南迁到其他地方,另一部分迁到沙田这边来。①这也只是一种揣测,并无更加具体坚实的论据支撑。

以上各种说法,以蒙古族后裔、色目人后裔、卢循遗种诸说最为疍家群体所特有,与广东地区陆上居民对于祖先源流的追溯不同。绝大多数来源的说法反映了疍家无法追溯祖先源流,而又不寻思构建如中原望族南迁或范蠡之后等的显赫家族背景的朴实思想。然而,各种传说中的断裂性、独立性进而也暴露出其群体在文化心理上是分裂的,并没有构成一个统一体。

第三节　东莞疍家的族群来源与特性

一　岭南疍民的族群来源及属性

作为岭南疍民的一支,东莞疍家的族群来源及属性与前者息息

———————

① 2013 年 7 月 4 日访谈记录。

相关。近百年来，学界对疍民族群来源及其属性的研究已积累了丰硕的成果。较有影响的有以下几种。

（1）南越遗裔。此说以罗香林为代表，1934 年他在《唐代蜑族考》（上篇）中提出"蜑族原即越族遗裔"之说，1955 年又于《百越源流与文化》一书中之《蜑民源流考》中重提此说并予以论证，对研究疍民族别属性具有较深影响。①

（2）疍是僚僮（壮）中水上人的通称；蜑族就是龙蛇族，亦即伏羲女娲的一大支派。此说以徐松石为代表，分别见于 20 世纪 30 年代《粤江流域人民史》及 40 年代中期《泰族僮族粤族考》两书。②

（3）蒙古族后裔。以《福建渔业史》当中的相关论说为代表。③

（4）源于瑶族的一支。依据瑶族所流传下来的神话和古歌谣，以及记载于券牒胜里的故事铺展其说。④

（5）疍民的远祖是从中南半岛或印度尼西亚的海上来到中国南方和东南沿海各水系的一个大群体。持这一说法的以西方某些学者

---

① 参见罗香林《唐代蜑族考》（上篇），中山大学《文史学研究所月刊》第二卷第三、四期合刊，1934；《百越源流与文化》，台北：编译馆，1955，第223~230 页。

② 参见徐松石《粤江流域人民史》，中华书局，1939，第 152 页；《泰族僮族粤族考》，中华书局，1946，第 193 页。

③ 参见福建省水产学会《福建渔业史》编委会编《福建渔业史》，福建科学技术出版社，1988，第 437 页。

④ 张寿祺不认同这种观点。他认为这是一种"主观想象的说法"，"既违反历史学、考古学的实际，亦违反古语言学和体质人类学的实际；更甚的，竟违反瑶族本身历史发展的事实"。他指出，就瑶族传说中十二姓大规模迁徙所叙述的事迹来看，发生迁徙的年代极限在中古时代，不会早于东汉（2 世纪），最晚在南宋景定元年（1260）。参见张寿祺《蛋家人》，香港中华书局，1991，第27~30 页。

为代表。①

（6）疍民是多民族的融合体。如莫雁诗认为，疍民不是一个民族，只是历史上生活在我国南方以及西南水上的一个特殊的社会群体。他们来自不同的民族，有古代南方的少数民族，有由中原南迁的汉族，是多民族的融合体。②

从岭南疍民的族群来源及属性学说或传说来讲，大致可归纳为以下几种：其一，以疍民为少数民族；其二，以疍民最初为少数民族，后在历史发展过程逐渐融入了汉族的人群；其三，疍民是汉族内部一个民系；其四，疍民是一种从事特殊职业、有特别居住方式的人群。以下分梳几种具有代表性的观点。

（一）长江流域疍民与沿海地区疍民来源及属性的关系

岭南疍民与巴蜀等地的疍民有无源流关系，是学界争论的一个问题。何格恩认为："岭南的蜑族，始于何时，古史无征，和巴蜑是否同种，因为没有确证，也不敢妄加臆测。可是从《史记》和《后汉书》的记载，知道汉代巴蜀和南越已有了交通的路线；又从《华阳国志》知道涪陵郡西接牂牁。巴蜑屡经北周的征讨与屠杀，一部分人受不了压迫，循牂牁江的故道，移殖岭南，似乎也是一件可能的事。"③ 归结起来，北宋以前文献对于"蜑"字的定义，异常含混。《华阳国志》虽说巴东涪陵两郡有

---

① 参见 E. S. Craighill Handy 的观点，转引自 Genevieve A. Highland, Roland W. Force（eds.）, *Polynesian Culture History*, Honolulu, Hawaii：Bishop Museum Press, 1967, p. 72。

② 莫雁诗：《试论疍民不是民族》，《广西地方志》1995 年第 2 期。

③ 何格恩：《蜑族的来源质疑》，《岭南学报》第五卷第一期，1936，第 29 页。

蜑民，但没有说明他们与其他蜑族有什么分别。另有持相对明确
的观点者如下。

1. 岭南疍民来源于巴蜀疍民

谭其骧认为"蜒族最初见于巴中，六朝以来，始辗转流入粤
东"①。叶显恩认同这种观点，并认为蜒族是六朝以来始从巴中和澧
水、沅水地区辗转移居两广、福建等地的。唐宋以降，"蜒"始在岭
南见诸载籍。宋代已降，在汉化日益加剧的情况下，他们趋居水上，
以舟楫为家是其最优的选择。宋时迁来两广的蜒人，除舟居者外，
已融入汉族。河海水居，以舟楫为宅的生活方式，成为明清时期疍
民的基本特征。随着时代的变迁，生存环境的改变，有的被汉化，
终融入汉族。②

2. 长江流域疍民与沿海地区疍民并无血缘关系

20 世纪 80 年代，吴永章厘析了"北蜑"与"南疍"分属不同
族类，得出两者之间并无因袭传承的观点③。在此基础上，他进一步
从"分布地域之异""历史渊源之异""无两者间渊源因袭关系的历
史记载""姓氏之异""图腾崇拜之异""族属之异"等六个方面加
以全面系统的阐发。④ 詹坚固认为，宋代是长江流域蜑民与沿海地
区蜑民族群分野的界限。汉至五代间，一直有两支名为"蜑"的

---

① 谭其骧：《粤东初民考》，《禹贡》（半月刊）第七卷第一、二、三期合期，1937。
② 参见叶显恩《关于疍民源流及其生活习俗》，载林有能、吴志良、胡波主编
　《疍民文化研究——疍民文化学术研讨会论文集》，香港出版社，2012，第 1～
　17 页。
③ 参见吴永章《古代鄂川湘黔边区蜒人与岭南蜒人之比较研究》，《广西民族研
　究》1987 年第 2 期。
④ 参见吴永章、夏远鸣《疍民历史文化与资料》，广东人民出版社，2019，第 1～
　178 页。

族群活跃在长江中上游一带，即巴州蜑和荆州蜑。这两支蜑人关系密切，有民族亲缘关系。长江流域的蜑民主要是今天土家、苗、瑶、侗等族先民，宋代以后的沿海地区蜑民是古越族后裔，两者之间没有血缘关系。沿海地区蜑民很早以前就生活在这片土地上，不是由长江流域蜑民移民而来。元明清三代，沿海地区蜑民不断掺入其他族群成分，在体质特征上已不是纯粹的越人。由于他们的文化与汉文化仍有差别，才被以正统文化自居的汉人长久地目为异族。从这个意义上讲，一直到新中国成立初期蜑民还被视为少数民族。① 莫雁诗认为，从语言、姓氏及文化心理等方面来看，巴蜑与粤蜑各有所秉，"四川一带的蜑民与广东、广西、福建一带的蜑民，根本就没有血缘关系"。晋代至隋唐时，四川东部等一大片是其势力范围，而同时的两粤也有蜑民活动，巴蜑与粤蜑和闽蜑也难见得其同源。②

（二）岭南蜑民为南方汉族内部的一个支群

1. 南方汉族的一支

岭南蜑民或为独立民族，或为越族之后，或为混杂的人群，但更应属汉族内部一个民系。对此陈序经区分古代和现今蜑民族群构成成分的不同，认为可信度不大，以蜑民为汉族之说，只是因为现代蜑民含了不少汉人成分。一方面，因为多数蜑民喜欢购买陆上穷苦人的子女为子女；另一方面，也有不少陆上人因为职业的关系而

---

① 参见詹坚固《试论蜑名变迁与蜑民族属》，载林有能、吴志良、胡波主编《蜑民文化研究——蜑民文化学术研讨会论文集》，香港出版社，2012，第 71~88 页。

② 参见莫雁诗《试论蜑民不是民族》，《广西地方志》1995 年第 2 期。

移居水上，逐渐同化于疍民。① 在汉人融入的时代及动因上，张寿祺的看法与陈序经不同，他举秦代以降南方历代的多次动乱，每有残兵败将及其眷属等逃窜江海，另有陆上其他各种人群为着避乱，为着逃命陆续掺入疍民群体里。另外，南方滨海地带，陆上有好些缺地、少地的人，在陆上生活不下去，便会流散入河海里谋生而成疍民。因而，疍民这样一个庞大而松散的人群不是一个单一的民族，其起源虽与古越族有关，但实际上乃融合了历代南方各种流散入江海里的人群，逐步演变而成。如果说疍民只是越族的后裔，这与事实有极大的出入。他认为，唐、宋时期水上居民已经构成一个极大的松散的群体。到了元代，在严重的民族压迫下，在达鲁花赤的监视下，水上居民必与陆上居民相互联系在一起。故此，最迟于元代，水上居民已构成南方汉族不可分的一个支群。② 张寿祺指出，"从体质人类学看，水上居民不是一个特别的民族，乃是南方汉族的一个支群。这个支群最早的先民，大约于三千多年前的新石器晚期已存在于珠江岸畔。"他们"在岭南江海和福建沿海，生活已有两千多年。其远源与史前南方越族土著有关；秦以后，历代掺进不少陆上汉人于其间，互相汇聚，互相融合构成这个庞大而松散的群体。岭南处处江河和滨海地段，无处不有他们的踪迹"③。此外，黄新美等从体质人类学的角度，通过活体测量、参与式观察等方式，得出了"珠江口（包括虎门地区）水上居民属于蒙古利亚人种中的华南人

---

① 参见陈序经《疍民的研究》，商务印书馆，1946，第30页。
② 参见张寿祺《蛋家人》，香港中华书局，1991，第36~42页。
③ 张寿祺：《蛋家人》，香港中华书局，1991，第45、209页。

类型，是组成当地汉族的一个群体"的观点。① 1955 年，经调研识别，疍民被认定为汉族，逐渐成为东南沿海汉族的重要组成部分。

2. 古越族的一支

疍家是珠江三角洲最早的居民之一，珠江流域到处可见疍家人的身影，有学者认为其族源属于古越族的一支。张寿祺认为，疍家是融合了多种人员的一个庞大松散的群体，其起源与古越族有关。他引用《隋书》卷八十二《南蛮传》中的记载——"南蛮杂类，与华人错居，曰蜑，曰獽，曰俚，曰獠，曰㐌，俱无君长，随山洞而居，古先所谓百越是也"，进而认为"'蜑'乃指水上居民群的先民无疑"，即疍家的先民是百越的一支。至于獽、俚、獠、㐌究竟属于今天南方哪些民族的先民，学术界众说纷纭。② 有学者则认为岭南疍民是古越族遗民的说法多来自民间传说，并无历史价值。何格恩便认为，据范端昂《粤中见闻》卷二十"蛋人"条、邓淳《岭南丛述》"蛋人"条、仇巨川《羊城古钞》、顾炎武《天下郡国利病书·广东上·博罗县志》及光绪《惠州府志·杂识·风俗》等明清人的笔记及地方志的记载，多说疍民是古越族遗民，其依据多为民间传说，没有历史上的价值，故置之勿论。不管诸说如何，明清以来两广福建的"蛋家"，即宋、元人所说的"蛋户"，这是绝无疑议的。③

3. 岭南"土著"说

吴永章提出岭南"土著"说，其观点是：在秦朝统一岭南以前，

---

① 参见黄新美《珠江水上居民（疍家）的体质特征》，《贵州民族研究》（季刊）1990 年第 3 期；黄新美、韦贵耀、张寿祺：《珠江口虎门地区水上居民体质特征调查》，《中山大学学报》（哲学社会科学版）1989 年第 3 期。

② 参见张寿祺《蛋家人》，香港中华书局，1991，第 3 页。

③ 参见何格恩《蛋族的来源质疑》，《岭南学报》第五卷第一期，1936，第 35 页。

岭南居住的是土生土长的百越民族。岭南疍民不是在唐代以后才出现和形成的，只不过唐代以后才有"岭南疍民"之名而已。自古以来，"南疍"就在岭南生活繁衍，有悠久的历史文化。岭南疍民来源于四五千年前新石器中晚期的岭南贝丘遗址的贝丘民，进入文明时代之后，演变成先秦至汉代"断发文身"的"越人"，汉晋的"鲛人"，汉唐时期的"采珠民"，他们是在不同时期的"蜑人"先民。隋唐以后，文献记载称之为"蜑民"。同时，吴永章也反驳了疍民来源于陆上居民迁入的说法。①

（三）明清时期疍民并非一个民族，亦非族群或民系，而是对特殊职业及特殊居住方式的人群的俗称

岭南疍民的族群属性问题是不是一个伪命题？颜广文认为，明清时期，疍民已完成编户齐民的转变。当时政府从居住方式和职业来确定疍民的身份，认定疍民为一个从事特殊职业的群体。因而他认为明清时期的疍民既不是一个民族，也不是一个族群或民系，而是一种特殊职业、一种特殊居住方式人群的俗称。他们与陆居民众的主要区别是居住的环境不同，谋生的手段不同，只要这两个条件发生变化，"疍"与"民"的身份便是可以互换的，但部分广东历史文献仍把疍民视作少数民族，由此也导致早期大多数疍民研究的学者循此思路展开，结果只能是越辩越糊涂。陈序经曾力图辨清其民族属性，也难以得出让自己满意的结论。②

---

① 参见吴永章、夏远鸣《疍民历史文化与资料》，广东人民出版社，2019。
② 参见颜广文《论明清政府对蛋民的管治》，载林有能、吴志良、胡波主编《疍民文化研究——疍民文化学术研讨会论文集》，香港出版社，2012，第 136～145 页。

二 东莞疍家的族群来源及属性

（一）从贝丘遗址看东莞远古时代的"疍家"

在新石器时代，东江沿岸就有原始人类聚居，诞生了东莞南城蚝岗、企石万福庵、石排龙眼岗、虎门村头等原始村落，其中，南城蚝岗有"珠三角第一村"的美誉。东莞疍家最早或可追溯到新石器时代中晚期，且很有可能是该地区的原有居民之一。在东莞虎门、企石、石排等地发现的贝丘遗址，向人们提供了东莞远古先民的生产生活信息。

据专家调查研究，广东珠江三角洲的贝丘遗址，依照其坐落地势之异，可分为山岗、土墩和平地三类。土墩类尤其是平地类的贝丘，古代当是浅水的湖泽地带。考古学家们初步推断，居住在湖泽地带的人们，大体是架搭干栏式的前面傍山、背后临水的茅屋居住，这是一种水上建筑的居址。从发现的如蚬、蚝、蛤、蚌、螺等大量软体动物以及采集和渔猎用的几类工具来看，当时采集和渔猎在生产中占有相当重要的地位。从各文化层的文化遗存推断，珠江三角洲新石器时代中晚期贝丘的先民使用石器、骨角蚌蚝器和木器，过着以原始锄耕农业为主，兼营采集和渔猎的经济生活。他们喜食鱼蟹蛤蚌螺，住房简陋，多住在平地起建的茅屋和干栏式建筑等，与古文献中记载的越人相同，因此，珠江三角洲贝丘遗址当是广东南越族祖先的古老文化遗址。[1] 从遗址的文化层来看，东莞企石上麦村

---

[1] 参见莫稚《广东珠江三角洲贝丘遗址》，《南粤文物考古集（1955—2002）》，文物出版社，2003，第 228~230 页。

贝丘发现有新石器时代晚期和青铜时代后期的文化遗存；万福庵贝丘遗址发现有属于距今 6000 年左右的新石器时代中期的后期的文化遗存；龙江村发现属于新石器时代晚期的后期的文化遗存，时间大体相当于中原地区的夏、商之际，距今三四千年；虎门村头村贝丘发现有新石器时代晚期中、后两个时期连续相互叠压的双叠层的文化堆积。①这些都说明当时东莞一带有不少滨水而居、以捕取海产和水生动物为食的零散群体，他们可能是疍家的先民。

（二）从史料及晚近记载看东莞疍家族群的来源

《隋书》记载："南蛮杂类，与华人错居，曰蜒，曰獽，曰俚，曰獠，曰㐌，俱无君长，随山洞而居，古先所谓百越是也。其俗断发文身，好相攻讨，浸以微弱，稍属于中国，皆列为郡县，同之齐人，不复详载。"②在这若干种南蛮类属中，"蜒"是疍家的先民。其或与其他蛮族杂处，或混居于汉人中间。"所谓疍族的历史，必比史书所载者，较为久远，而其来源，也许不但先于汉族，或且较先于其他所谓蛮、苗诸族也。"③从这段话来看，陈序经认为疍民的历史有先于汉、蛮、苗诸族的可能。从贝丘遗址或可推测疍家为东莞地区的原有居民之一，或为南越族的祖先。至于其族群在长期历史演变过程中，是否融入了其他族群的人群，仍有待考察。

历史上，沙田疍家或与陆上农民杂处，或有部分陆上农民加入耕沙的疍家群体中。久而久之，两者或难以一一区分。此外，关于

---

① 参见莫稚《广东珠江三角洲贝丘遗址》，《南粤文物考古集（1955—2002）》，文物出版社，2003，第 224~225、239 页。

② （唐）魏微、令狐德棻撰《隋书》卷八十二《南蛮传》，中华书局，1973。

③ 陈序经：《疍民的研究》，商务印书馆，1946，第 44 页。

东莞其他地方如中堂、石龙、茶山、万江等地疍家来源的记载或语焉不详，或史料缺失，难以考证其具体确切的来源，但有零星的史料可供参考。在此将东莞疍家的历史来源约略归纳（见表1-1）。

表1-1　东莞疍家的历史来源

东莞疍民类型	镇街	远古	魏晋南北朝	唐	宋	元	明	清	中华民国	新中国成立后
沙田疍民①	沙田							广州、番禺、顺德、三水、南海，东莞麻涌、厚街、虎门、道滘等	广州番禺、惠州博罗等	厚街、中堂
沿海疍民	虎门		原有居民				增城、博罗等		石龙、中堂、高埗、道滘、水南、黄家山、茶山、峡口、刘屋、石碣、上南、桥头、万江、麻涌	
	麻涌						番禺、增城、万顷沙		沙田、中堂	
	长安						顺德、番禺、中山、宝安、虎门等			
内河疍民	石龙				最早的居民					
	茶山		原有居民							
	万江				番禺				虎门新湾	
	中堂									
	道滘									
	企石、石排	原有居民								
	东城	原有居民							石龙	

资料来源：根据东莞相关镇街的镇志记载归纳整理。

---

① 含沙田和虎门部分村（社区）。

（三）东莞疍家的族群属性

先不管东莞疍家的族群属性是不是一个伪命题或辩论不清的话题，对它的探讨有助于看清东莞疍家这个群体的过往，有助于探寻其在汉人心目中的形象的部分成因及其自我身份的认同与焦灼。东莞疍家的族群属性未有明确地考证者，然其族群属性大致的情形还是可以勾勒的。考之地方志，东莞疍家群体每每与"瑶"族并列蛮族之一，如崇祯《东莞县志》将"蛋"与"猺"并列置于《外志》。东莞疍家为百越一支，在历史过程中逐渐融入其他人群的观点较常见。结合上文对贝丘遗址的研究的引述，参照诸多前人的研究，东莞疍家的先祖或为远古时代滨水而居的水上人，并非巴蜀之地的疍民迁来，为岭南疍民及沿海疍民的一部分。宋、元以后至明清时期，逐步融入其他族群的人员，因而是一个松散又庞大的群体，其文化也杂含了中原文化、岭南文化、越族文化等诸多因素，而呈现以舟居为主，以"采海"（捕鱼、采蚝、采珠等）为业的主要特征。

多种族群起源的传说，经过族群内部叙事及族群间的交流，以及族群外部文献的传播、"他者"的眼光等而流衍开来。它们隐含着未经明确或不断被改编的历史事实，折射出疍家族群来源与身份认同之间的不安。

第四节　东莞疍家的姓氏与宗族

一　姓氏来源

吴永章、夏远鸣认为，"两粤疍民主要姓氏可以归结为两个系统，一是麦、濮、吴、苏、何、顾、曾七姓；一是徐、郑、石、马以及周、李诸姓。前者多居于韩江及东江流域；后者多居于珠江流域。这是因居住地域不同，家族渊源不同所致。此外，还有不少杂姓，当系受汉族或周边族群影响所致。"① 然据东莞地方志书和《全粤村情·东莞市卷》中的记载，以及笔者实地走访的情况来看，以沙田、虎门为代表的东莞原蜑家的姓氏并非以上两个系统可以统摄。东莞原蜑家的姓氏来源及迁移颇为庞杂，兹以其较为聚集之地——沙田镇和虎门镇新湾社区为例，将大致情形归纳整理（见表1-2、表1-3）。

表1-2　东莞市沙田镇原蜑家姓氏来源、分布及迁移的大致情况

村（社区）		姓氏	来源、分布及迁移
杨公洲行政村	鹤洲村	最早为王姓，后为陈、何、郭、吴、梁、黎、冯、卢、周、张等姓。	最早为王姓，由清朝迁入，后迁走。陈姓于1941年从东莞麻涌镇漳澎村迁此，何姓于1938年从番禺新沙迁入，郭姓于1940年从顺德坪山迁入，吴姓于1958年由番禺新沙迁入，梁姓于1942年从南城篁村迁入，黎姓于1936年从番禺迁入，冯姓来自高州，卢姓于1920年从顺德陈村迁入，周姓于1958年从万江镇大汾村迁移到先锋村然后再迁入，张姓于1940年来自中堂镇红锋村。
	仁和村	主要有梁、何、郭、陈、龙、霍、黄、王、周九姓。	梁姓人口最多，一部分早在民国时期就已经居住在仁和洲头处，另一部分则在后期从顺德陈村迁移过来；何姓一部分来自番禺大石，另一部分则来自东莞长安霄边；郭姓于1940年从顺德坪山迁入；陈姓于1923年从番禺石流搬迁到此处；龙、霍二姓于1964年后从高州迁入；黄、王、周姓从厚街迁入。
	三和村	何、陈、周、梁、黄、王六姓。	陈姓是最早定居在三和村的村民，跟同太村陈姓是同一祖宗，最初从四川辗转到东莞厚街陈屋；何姓来自东莞万江闸口。黄、王姓在1950年从厚街迁入，周、梁姓则于1958年从万江镇大汾村迁入。

---

① 吴永章、夏远鸣：《蜑民历史文化与资料》，广东人民出版社，2019，第132页。

村（社区）		姓氏	来源、分布及迁移
杨公洲行政村	同太村	陈、黎、郭、萧、林、霍、何、周、谢等姓。	陈姓是最早定居的村民，在清朝时就迁入，来自东莞厚街镇陈屋村；何姓来自东莞万江闸口。在民国时期只有陈、何两姓有田耕种，其他姓氏均为受雇者。黎姓于1932年从番禺石基辗转菱角沙、鹤洲，最后落户在此处；郭姓于1940年来自顺德坪山；周姓在1958年前后从万江镇大汾村迁入；1964年前萧、林、霍、谢姓从梅州迁入，找到沙田耕地，而后在该地落籍。
	下谷村	陈、梁、周、卢、郭、冯六姓。	陈姓于1951年前后从东莞麻涌庄朋村迁移到元洲再到谷塘洲居住；梁姓于1942年从南城篁村迁移到谷塘洲；周姓于1958年从东莞万江大汾村迁入；卢姓于1920年从顺德陈村先迁移至齐沙田屯，再迁移到谷塘洲；郭姓则于1940年从顺德坪山迁入。以上5姓村民均在1963年从谷塘洲迁至下谷村；冯姓则来自高州。
	洲尾村	梁、何、胡、陈、黎、吴、冯、林、邓、李、霍、蔡、吕、侯等姓。	梁、陈、黎三姓均于1936年至1964年从番禺石基、南沙等地迁入；冯、林、霍、吕姓于1964年前后迁入；何姓于1958年从东莞万江闸口迁入；胡姓于1956年来自东莞道滘马洲；吴姓于1934年来自东莞虎门新湾；邓姓于1968年从梅州兴宁迁入；李姓来自义沙；蔡姓来自顺德；侯姓来自江门台山。
阇西行政村	三盛村	陈、郭、何三姓。	陈姓于1940年从东莞虎门迁移至此；郭姓、何姓于1945年分别从东莞麻涌、万江迁移至此地。
	拐排村	陈、郭二姓。	陈姓于1954年从东莞道滘迁移至此，郭姓于1954年从东莞麻涌迁入。
	闸门涌村	郭、陈、何、周、梁五姓。	郭、陈二姓1945年分别于东莞麻涌、虎门迁至此地；何、周、梁三姓于1945年从东莞万江迁入。
	四盛村	郭、何、陈、黄、叶五姓。	郭、陈二姓于1945年分别从番禺、东莞麻涌迁移至此；何、黄二姓于1955年从东莞万江迁入；叶姓于1955年从东莞道滘迁入。
	南环村	陈、郭、梁、赵四姓。	陈姓于1940年从东莞泥洲迁移至此；郭、梁、赵三姓于1945年分别从东莞麻涌、万江、虎门迁入。

村（社区）		姓氏	来源、分布及迁移
阇西行政村	蛇头仔村	梁、肖二姓。	梁姓于1952年从南环迁移至此；肖姓于20世纪60年代由高州迁入。
	百亩村	陈、郭、何、黎、王五姓。	此五姓于1952年分别由东莞麻涌、番禺、东莞万江、厚街迁移至此。
	山边村	王、郭、陈三姓。	王姓于1945年从东莞厚街迁移至此；郭、陈二姓于1945年从东莞麻涌迁入。
	赖家庄村	李、赖、蔡三姓。	清朝末年，篁村赖姓人家到此开荒立村。李、蔡二姓自清宣统二年（1910）分别从南城白马、篁村迁移至此。
福禄沙行政村	福禄沙村	王、陈、曹等姓。	王姓宋代从福建迁移至东莞厚街，1944年由厚街迁移至此；陈、曹二姓于1940年分别从番禺、顺德迁入。
	桂轩洲村	周、梁、陈、麦、郭、黎、黄、王等姓。	周姓于1935年从顺德、广州等地迁至此地；梁姓于1935年从中山迁至东莞长安碧头，1950年从碧头迁此；陈姓于20世纪初从番禺迁入。
	石塘头村	周、梁、陈、冯、吴等姓。	周姓于清宣统二年（1910）从番禺迁入此地；梁姓于民国时期从中山迁移至东莞长安碧头，又从碧头迁入；陈姓于1950年后从番禺迁入。
	石塘尾村	麦、吴、陈、卢、梁、李、钟、杜等姓。	麦、吴、陈三姓于1958年从番禺迁入。
	洲仔村	陈、梁、周、樊、郭、麦、黎、李、何、冯等姓。	陈、周二姓于民国时期从番禺迁入此地；1950年后，梁姓从南沙迁入；郭、麦、何三姓陆续由番禺迁入；黎姓由杨公洲迁入；李姓由桂轩洲迁入；樊、冯二姓于1953年由石塘尾迁入。
民田行政村	民田村	布、陈、仇、杜、樊、冯、高、郭、何、黄、霍、蒋、柯、劳、黎、李、梁、廖、刘、卢、伦、麦、莫、沈、唐、王、温、吴、徐、姚、叶、尹、袁、詹、张、赵、周、朱等姓。	陈、冯、何三姓于清光绪年间（1875～1908）迁至此地。

村（社区）		姓氏	来源、分布及迁移
民田行政村	官洲村	陈、杜、冯、高、郭、何、黄、霍、黎、简、蒋、梁、廖、林、刘、卢、陆、麦、毛、容、苏、谭、唐、王、吴、谢、杨、叶、翟、张、郑、周等姓。	陈姓于清光绪年间（1875～1908）迁此立村；黄姓于1930年从番禺迁入；王姓于1927年从番禺迁入。
	泗沙村	叶、陈、冯、郭、何、黄、霍、麦、王、曾、杜、方、高、龚、李、梁、欧阳、潘、沈、史、谭、汤、万、巫、吴、尹、庾、袁、钟、张等姓。	黄姓于清光绪年间（1875～1908）迁入；郭姓于1930年从道滘迁移至此；何姓于1950年从厚街迁入。
	水浸围村	王、闭、布、陈、范、冯、古、郭、何、黄、霍、黎、雷、李、梁、廖、林、刘、卢、麦、谭、汤、温、吴、萧、杨、熊、叶、袁、钟、周、邹等姓。	黄姓于清光绪年间（1875～1908）迁入；陈姓于1942年从番禺迁入；王姓于1951年从东莞厚街迁入。
	最丰村	陈、邓、杜、樊、冯、何、黄、霍、黎、李、梁、林、刘、石、王、吴、谢、钟、朱等姓。	陈姓于清光绪年间迁此；黎姓于1940年从宝安迁入；梁姓于1945年从顺德迁入。
	民田仔村	陈、冯、高、郭、霍、梁、罗、王、吴、蔡、曾、何、胡、黄、黎、李、林、刘、麦、欧、潘、邱、冼、杨、叶、张、郑、钟、周等姓。	陈姓于1947年从东莞义沙迁移至虎门，1950年从虎门迁入；霍姓于清光绪年间迁入；吴姓于1943年从番禺迁此。
先锋行政村	先锋村	何、梁、李、周、郭、吴、黄、林、邓等姓。	1958年，何、李、黄、邓姓由东莞道滘镇闸口村迁此，梁、周、吴、林姓由东莞万江镇大汾村迁入，郭姓由东莞万江、道滘等地迁入。

村（社区）		姓氏	来源、分布及迁移
西太隆行政村	西太隆村	黄、王、梁、冯、陈、郭六姓。	未知。
	就兴村	冯、郭、梁、何、黄等姓。	未知。
	坭头村	周、陈、何、黄、卢等姓。	未知。
	三四围村	梁、陈、谭、王、黄、冯、黎等姓。	未知。
	渡船洲村	黄、何、梁、陈、郭等姓。	未知。
	七份村	郭、梁、吴、陈、王等姓。	未知。
义沙行政村	六和村	郭、梁、周、王、陈、何、冯、黄、孙、李等姓。	冯姓于1930年从番禺迁入此地；陈姓于1933年从顺德迁入；王、何、孙三姓于1952年从番禺迁入；梁、周二姓于1950年后从虎门太平迁入。
	德寿村	陈、李、周、高、黎、梁、王、霍、樊、何、吴等姓。	陈姓于1933年从东莞厚街桥头村迁入此地；1950年后，李、高、霍三姓从番禺迁入；黎、梁、樊、何四姓从东莞虎门迁入；周姓从东莞石龙迁入；王姓从东莞厚街迁入；吴姓从东莞万江迁入。
	三排头村	陈、冯、梁、霍、刘、王、周等姓。	陈、王二姓于1920年从东莞厚街迁入此地；冯姓于1930年从番禺万顷沙迁入；霍姓于1949年从番禺迁入；1950年后，梁、周二姓从番禺迁入；刘姓从东莞厚街迁入。
	茂隆村	何、王、梁、陈、霍、周、郭、冼、方、樊、黄等姓。	陈姓于1933年从顺德迁入此地；霍、冼、黄三姓于1945年从番禺迁入；1950年郭姓从东莞虎门镇口迁入，方姓从东莞厚街河田迁入；1952年何姓由番禺迁入，王姓由东莞厚街迁入，梁姓由东莞虎门镇口迁入；1956年周姓由东莞石龙迁入，樊姓由东莞虎门镇口迁入。
	三排尾村	黎、梁、郭、陈、周、李、冼、黄、吴、何、布等姓。	1950年后，周、黄二姓分别从东莞沙田六和村、天宅村迁入此地，黎、梁、何、布四姓从东莞虎门迁入，郭姓从深圳迁入，陈姓从东莞厚街迁入，李姓从中山迁入，冼姓从番禺迁入，吴姓由东莞石龙迁入。

续表

村（社区）		姓氏	来源、分布及迁移
义沙行政村	天宅村	陈、麦、黄、李、霍、周、黎、高、王、张等姓。	1944年黄姓新耕户从东莞虎门镇口迁入此地；1950年后，陈、霍、高三姓从番禺迁入，麦、周二姓从东莞虎门镇口迁入，李姓由东莞石龙迁入，黎姓从泥洲迁入，王姓从东莞厚街迁入，张姓从东莞太平迁入。
稔洲行政村	水上村	陈、霍、何等姓。	陈姓于1939年从东莞虎门迁入此地；霍姓于1919年从番禺迁入；何姓于清光绪年间（1875～1908）迁入。
	旧围村	陈、梁、周等姓。	陈姓于1951年从东莞虎门镇口迁入此地；梁姓于1942年从番禺迁入。
	培厚围村	冯、杜、郭等姓。	冯姓于1951年从东莞虎门迁入此地；杜姓于1942年从虎门迁入。
	永茂村	周、冯、梁三姓。	周姓于1939年从东莞厚街迁入此地；冯姓于1919年从番禺迁入。
	龙船洲村	霍、陈、梁等姓。	霍姓于1951年从东莞虎门迁入此地；陈姓于1919年从番禺迁入；梁姓于清光绪年间（1875～1908）在此立村。
	鞋底沙村	梁、陈、王三姓。	梁姓于1939年从东莞厚街迁入此地；陈姓于1919年从番禺迁入；王姓于清光绪年间（1875～1908）在此立村。
	合宜围村	黄、陈、张等姓。	黄姓于1951年从东莞虎门迁入此地；陈姓于1942年从东莞虎门迁入。
横流社区	勒仔围村	萧、郭、梁、陈、何、黄、王、付、万等姓。	王姓于1960年从东莞厚街大塘迁入此地；万姓由东莞虎门迁入；1965年，萧姓由茂名高州迁入，郭、梁、何三姓由番禺迁入，陈姓由顺德迁入，黄、付二姓由茂名高州迁入。
中围行政村	中围村	陈、冯、莫、吴、郭、梁、周、黄、张等姓。	清道光九年（1829）陈、冯、郭、梁四姓由番禺迁入此地；莫、黄、张三姓由东莞麻涌迁入；吴姓由东莞洪梅洪屋涡迁入；周姓由广州黄埔迁入。
	沙头村	同上。	同上。
	西中村	同上。	同上。
	下围村	同上。	同上。

续表

村（社区）		姓氏	来源、分布及迁移
和安行政村	和安村	梁、陈、郭、黄、张、何、黎、吴、莫、周、丁、樊、王等姓。	未知。
	西盛村	陈、霍、杜、梁、郭、刘、吴、张、周、叶、黄、谭、黎等姓。	未知。
	东安村	黄、陈、何、樊、吴、蒋、梁、郭、张、李、周、冯、刘、霍等姓。	未知。
	新涌村	黄、陈、何、梁、刘、邓、钟、王、郭、黎、冯、布、张、李、蒋等姓。	未知。
	茂生村	陈、郭、梁、杜、周、冯、何、黄、刘、莫、谭、庚、王、霍、李等姓。	未知。
	新村	陈、郭、何、黄、霍、黎、梁、谭、叶、周等姓。	1953年，陈、梁二姓由番禺迁来；何姓由东莞道滘、厚街迁入。
大流行政村	上涌村	陈、郭、何、黄、梁、周、刘、樊等姓。	梁姓于1940年从番禺迁此；郭姓于1942年从顺德迁入；何姓于1942年从东莞厚街迁入。
	下涌村	陈、郭、何、黄、梁、樊、周等姓。	同上。
	埠城村	陈、郭、何、黄、梁、周、刘、钟等姓。	同上。
	泗合村	陈、郭、何、黄、梁等姓。	同上。
	沙尾村	陈、郭、何、黄、梁、樊、周等姓。	同上。

续表

村（社区）		姓氏	来源、分布及迁移
泥洲行政村	南新洲村	陈、冯、高、郭、何、黄、李、梁、林、吴、叶、招、周等姓。	郭姓于1953年由东莞中堂迁此；何姓由东莞厚街迁入；黄姓由番禺迁入。
	向阳村	陈、樊、郭、何、黄、霍、梁、吴、叶、周等姓。	黄姓于1953年由番禺迁此；梁姓由番禺迁入；叶姓由东莞道滘迁入。
	新村	陈、郭、何、黄、霍、黎、梁、谭、叶、周等姓。	1953年，陈姓由番禺迁此，何姓由东莞厚街迁入，梁姓由番禺迁入。
	泥尾村	陈、邓、冯、何、黄、霍、简、黎、梁、卢、叶等姓。	1953年，陈姓由番禺迁此，黄姓由番禺迁入，梁姓由番禺迁入。
	泥中村	陈、冯、郭、何、黄、霍、黎、李、梁、吴、冼、叶、赵等。	1953年陈姓由番禺迁此，冯姓由番禺迁入，黄姓由番禺和南沙迁入。
	溢田村	陈、郭、何、黄、梁、邵、吴等姓。	1953年，陈姓由番禺迁此，何姓由番禺迁入，梁姓由东莞厚街迁入。
西大坦行政村	东围村	陈、郭、何、梁、张等姓。	陈、郭、何三姓于清道光二十六年（1846）从附近水上人家迁移至东莞沙田东围村，2009年从东围村迁移至西大坦新区。
	西围村	陈、何、郭、梁、冯等姓。	清道光二十六年（1846），附近水上人家迁移至此，2009年再从西围村迁移至西大坦新区。
	上围村	同上。	清道光二十六年（1846），附近水上人家迁移至此，2009年再从上围村迁移至西大坦新区。
	下围村	同上。	清道光二十六年（1846），附近水上人家迁移至此，2009年再从下围村迁移至西大坦新区。
	新围村	同上。	未知。

村（社区）		姓氏	来源、分布及迁移
穗丰年行政村	裕隆村	何、陈、黄、郭、樊、吴、霍、李、周、冯、杜、梁等姓。	何姓于1958年由中山迁入此地；陈、杜二姓于1938年由番禺迁入；黄姓于1930年由番禺迁入，郭姓于1932年由南沙迁入；樊姓于1942年由番禺迁入；吴姓于1946年由番禺迁入；霍姓于1953年由东莞沙田大泥村迁入；李姓于1935年由深圳迁入；周姓于1956年由东莞麻涌迁入；冯姓于1946年由东莞沙田齐沙村迁入；梁姓于1952年由顺德迁入。
	穗隆村	陈、黎、何、周、梁、冯、布、麦、高等姓。	陈姓于清宣统二年（1910）由东莞虎门迁入；黎姓于同年由番禺迁入；何姓于1944年由东莞沙田大泥村迁入；周姓于1951年由东莞虎门迁入；梁姓于1939年由东莞沙田秋盛村迁入；冯姓于1946年由东莞沙田西太隆村迁入；布姓于1955年由东莞沙田西大坦村迁入；麦姓于1955年由番禺迁入；高姓于1946年由番禺迁入。
	围仔村	霍、陈、布、冼、梁、樊、高等姓。	霍姓于1946年由东莞虎门迁入此地；陈姓于1949年由东莞沙田穗丰年秋盛村迁入；布姓于1950年由东莞沙田西大坦村迁入；冼姓于1951年由东莞虎门迁入；梁姓于1953年由番禺迁入；1955年，樊姓由番禺迁入，高姓由东莞沙田穗隆村迁入。
	秋盛村	陈、梁、高、黎、霍、何、冯、布、李等姓。	陈姓于1949年从番禺迁入此地；梁姓于1945年从东莞虎门迁入；高姓于1930年从番禺迁入；黎姓于1949年从番禺迁入；霍姓于1920年从番禺迁入；何姓于1941年从东莞沙田裕盛村迁入；布姓于1949年从东莞沙田西大坦村迁入；冯姓于1950年从深圳迁入；李姓于1952年从东莞厚街迁入。
	裕盛村	冯、黎、张、霍、梁、高、黄、王、麦、郭、陈、李、周、布等姓。	黎姓于清宣统二年（1910）、张姓于1941年、霍姓于清光绪十六年（1890）、梁姓于1920年、高姓于1912年、黄姓于1915年、麦姓于1917年由番禺迁入；王姓于清宣统二年（1910）由东莞厚街迁入；郭姓于1940年由东莞虎门南面社区石头湾迁入；陈姓于1922年由东莞虎门百围社区迁入；李姓于清光绪三十年（1904）由东莞沙田齐沙村迁入；周姓于1952年由东莞虎门寨迁入，布姓由东莞沙田西大坦村迁入。

续表

村（社区）		姓氏	来源、分布及迁移
穗丰年行政村	裕丰村	麦、霍、张、王、冯、钟、郭等姓。	麦姓于1917年由番禺迁入；1941年，霍姓由番禺迁入，张姓由东莞沙田裕盛村迁入，王姓由东莞厚街迁入；冯姓于1945年由东莞沙田民田村迁入；钟姓于1949年由番禺迁入；郭姓于1950年由东莞沙田阁西村迁入。
大泥行政村	大泥村	陈、何等姓。	未知。
	大有村	陈、梁二姓。	未知。
	金玉村	何、陈、梁、叶、黄五姓。	部分姓氏由茂名高州等地迁入。
	穗盛村	主要有梁、何、陈三姓。	清嘉庆十五年（1810）至1920年，由番禺迁移至此。
	金和村	主要有梁、郭、吴三姓。	未知。
	祥盛村	陈、周、卢、樊、官五姓。	清宣统二年（1910），陈、卢二姓由海上迁此；1940年至1945年，周、樊、官三姓分别由东莞长安、番禺和茂名高州迁入。
	满丰村	黎、陈、黄、霍、周、郭、钟七姓。	黎、陈、周三姓于1930年至1952年由番禺迁此；黄姓由东莞沙田西太隆村迁入；霍姓由顺德陈村迁入；郭、钟姓由东莞沙田金和村迁入。
齐沙行政村	福隆村	陈、梁、霍、郭、高、吴、何、麦等姓。	未知。
	田屯村	陈、黄、高、王、张、何、冯、郭、李、钟、霍、任等姓。	王姓于1951年由东莞厚街迁此。
	旧围村	何、陈、黄、郭、周、冯、黎、李、霍、梁、朱、钟、叶、王、邓、林、唐等姓。	同上。
	新围村	陈、梁、高、黄、霍、樊、王、冯、卢、李、麦、刘、杜、赖等。	未知。

资料来源：据《全粤村情·东莞市卷（四）》相关记载归纳整理。参见广东省人民政府地方志办公室编《全粤村情·东莞市卷（四）》，华南理工大学出版社，2017，第97~233页。

虎门原疍家的姓氏情况跟沙田颇为相似。"据 1986 年户籍统计,新湾镇有渔民 2598 户,其中以吴姓最多,为 799 户,占总户数 31%;其次为梁、邓、何、李姓,户数在 200 户以上 300 户以下;再次为林姓和陈姓,分别为 173 户、122 户;100 户以下 40 户以上的依次为黄、郭、张、谭、黎、林姓;22~10 户的依次为霍、马、宋、刘、徐、叶、袁姓;10 户以下的是翟、冯、杜、王、麦、郑、罗、肖、万、钟姓;只有 1 户的有廖、莫、关、殷、潘、姚、江、雇、石、樊、布、詹、方、高、朱姓。"①

此外,中堂红锋村原疍家人的主要姓氏为张、黄、梁、吴、何、万等姓,他们大部分是新中国成立初期东江流域的渔民。②

表 1-3 东莞市虎门镇原疍家姓氏来源、分布及迁移的大致情况

村（社区）	姓氏	来源、分布及迁移
东湾村	郭、邓、梁、谭、陈等姓,以郭、邓、梁姓为主。	郭姓于 1962 年从番禺鹿颈迁至此地,邓姓于 1962 年从番禺南环迁入,梁姓于 1962 年从番禺小虎迁入。
港湾村	陈、黎、吴、刘等姓,以陈、黎、吴姓为主。	均于 1960 年从虎门河仔、九门寨、新洲迁至此地。
卫东村	吴、谭、邓、何、徐等姓,以吴姓为主。	吴姓于 1972 年由彰澎、麻涌迁至此地。
向东村	吴、邓、何、黄、谭、陈、梁等姓,以吴、邓姓为主。	吴姓于 1972 年主要由彰澎、麻涌迁至此地,邓姓于 1972 年从麻涌、中堂、望牛墩迁此。
新峰村	吴、何、邓、杜等姓,以吴、何姓为主。	吴、何两姓均于 1972 年分别由中堂、高埗迁至此地。
新龙村	吴、李、周、邓、徐、黄、谭等姓,以吴、李、周姓为主。	多由沙河、茶山、峡口等地渔民迁入。

---

① 《东莞市海洋与渔业志》编纂委员会编《东莞市海洋与渔业志》,广东人民出版社,2014,第 152 页。

② 参见广东省人民政府地方志办公室编《全粤村情·东莞市卷（四）》,华南理工大学出版社,2017,第 91 页。

村（社区）	姓氏	来源、分布及迁移
新桥村	吴、邓、宋、陈、麦、翟、张等姓，以吴、邓、宋姓为主。	吴、邓、宋等姓于1974年由桥头迁至此地。
新石村	吴、周、李等姓，以吴姓为主。	吴姓于1974年由石碣迁至此地。
振兴村	吴、梁、张、陈、邓、何、霍、郭、黎等姓，以吴、梁、张姓为主。	吴、梁、张姓于1960年由太平新洲迁至此地。
忠东村	吴、李、梁、邓、马、何、周、陈等姓，以吴、李姓为主。	吴、李姓于1972年由万江迁至此地。

资料来源：据《全粤村情·东莞市卷（一）》相关记载归纳整理。参见广东省人民政府地方志办公室编《全粤村情·东莞市卷（一）》，华南理工大学出版社，2017，第216~232页。

　　据此分析，东莞疍家姓氏来源多元，构成复杂，多数从珠江三角洲附近地市迁移过来，其中较多的是从番禺、顺德、高州迁入，少数姓氏从深圳、江门、梅州等地迁入。其中，追溯年代最远的当属沙田三和村陈姓，他们是最早定居在三和村的村民，跟同太村陈姓是同一祖宗，最初从四川辗转到东莞厚街陈屋。此外，在东莞市内各镇街间流动的也为数不少，特别是虎门镇。

　　值得注意的是，沙田、虎门等地的世居村民不完全等同于原疍家，内部也可能存在混居的情况，但绝大多数是原疍家人。诚如伍锐麟等对沙南疍民的调查结果所呈现的，"有几位比较富裕的疍民已由这里移到广州市里。同时也有些是陆上人，因为种种的原因，也移来沙南居住。然而这些变动从目下看起来，还是例外。故沙南仍不失为疍民的聚居地方。而且他们多数每家大都有艇一艘至二艘，他们平常虽是多在水棚里，然往往也有欢喜在艇里居住的。总而言之，他们可以叫做两栖人类罢。"[①] 据沙田G叔回忆，1949年那个时

---

① 伍锐麟著，何国强编《民国广州的疍民、人力车夫和村落——伍锐麟社会学调查报告集》，广东人民出版社，2010，第32页。

候的水上人，漂流性很大，基本没有固定下来的。直到 1957 年定居下来的基本是蜑民，再之后移居过来的多数不是。① 沙田人在 200 年前来源于周边地区，都是靠小艇四处流浪，偶然定居沙田，大多是来自中山、顺德、番禺，以及东莞的麻涌、道滘、厚街、虎门、万顷沙等地。无族谱可查，同一姓氏来自不同的地方。故沙田姓氏确切来源无法追溯。② G 叔讲起自己的姓氏，也不知祖先是从哪里来的，猜测他们大致从番禺南沙或广州荔湾过来的。目前沙田蜑民有陈、郭、黄、梁等近 20 个姓，一个姓氏只有一二十人，而同一个姓氏却不是来自同一个地方、不属于同一个祖先。此外，有部分蜑民依附陆上大姓，经常改姓的情况也时有发生。在某些特定时刻，为了当地能接纳自己，甚至是很随意地改姓，随时改为当地人的姓氏。G 叔说，蜑民自己找不到姓氏，也想依附，经常改姓，这也跟围海造田有关。在建造大沙田的时候，是姓王的主持开发，距离近的蜑民马上改姓。同姓王的、同姓郭的他们分别都不是来自同一个祖先。③ 虎门新兴村蜑家的姓氏也颇为复杂，主要有吴、何、李、邓、周、陈、徐、袁、麦、杜、宋等姓。家住麻涌南坦路的 W 叔曾供职于原麻二运输队，据其介绍，当时运输队中王、梁二姓的人数最多。④

东莞蜑家来源复杂，姓氏混杂，加之史料阙如，关于其族群姓氏的来源，极难追溯其祖先源流，亦难以确证，但还是可勾勒出其大致情况。晚近东莞蜑民聚集得较多的地方有沙田、虎门及麻涌，

---

① 2013 年 7 月 4 日访谈记录。
② 参见中共沙田镇委员会、沙田镇人民政府编《东莞市沙田镇志》，2003，第 228 页。
③ 2013 年 7 月 4 日访谈记录。
④ 2013 年 7 月 27 日访谈记录。

这些地方的蛋民的来源主要有两个途径：其一，从周边县市来；其二，从东莞境内邻近镇街来。第一，沙田蛋民在清代中叶从顺德、三水、南海等地而来，早期常在厚街、中堂等地区流浪，由于每次将要安居时，都会被当地人驱赶，故而继续寻求可以栖身之地，来到沙田立沙岛一带围垦耕沙，过上相对稳定的生活，人称沙田人为"围口人"。此后也吸引了一些周边的贫苦农民来此筑围造田，如番禺、中山、顺德等周边地区及麻涌、厚街、虎门、道滘等地的贫苦农民来沙田进行开垦。① 第二，虎门新兴村蛋民的祖先多来自"五湖四海"，相对确定的来源地有增城新塘、惠州东岸、潼湖、博罗、深圳铁岗等周边地市县村；另有部分由东莞石龙、中堂、高埗、道滘、水南、黄家山、茶山、峡口、刘屋、石碣、上南、桥头等地而来。祖先几辈人已在东莞、增城、博罗一带水域捕鱼谋生。② 据虎门的 D 叔回忆，"新湾的蛋民多从石龙、万江、麻涌、中堂各地来"。他于 1942 年出生在自家船上，祖先从中原（河南）流亡到这边，晚近则是从东莞中堂那边过来的。③ 新湾人散落在东江流域，足迹遍及企石、桥头、石龙、石碣、高埗、茶山、万江、道滘、中堂、虎门、沙田等地。第三，在东莞麻涌，相当一部分人来源于蛋家，漳澎村的陈、周、黄、梁等姓都是晚近从番禺、增城等地迁徙来的渔民，麻四村部分水上人家从今属广州市番禺区的万顷沙等地迁入本境。漳澎村另有独立的渔民新村，这里的渔民来麻涌的历史较短，基本上只有三代人的光景，大概是民国时期才从附近的沙田镇等地迁来，

---

① 参见中共沙田镇委宣传办、沙田镇文化广播电视服务中心主编《记忆沙田》，广东人民出版社，2012，第 6~7 页。

② 参见《虎门镇新兴村志》。

③ 2013 年 7 月 24 日访谈记录。

新中国成立后才正式定居麻涌。据不完全统计，新中国成立初期麻涌境内完全以打渔为生的本地渔民至少有 1000 人之多，这些渔民中的很大一部分是渔人世家，世世代代在麻涌的水面上生活，他们基本上是疍民。此外，还有一部分是从周围的村、镇（如中堂镇）或者更远的地方（今广州市番禺区）等地方季节性过来捕鱼的渔民，基本上也是疍民。[1] 原麻二运输队的 W 叔也是 1942 年在船上出生的，祖上从广州过来，具体哪个地方也说不清楚。[2]

二　宗族谱系

从镇志所载加上实地走访，没有发现关于东莞疍家的族谱及族祠的记载。与一部分疍家人跟陆上人追溯同宗共祖或相似的祖先源流不同，一部分疍家人宁可采取"无视"的态度。可以说，沙田是疍民造出来的，没有疍家人，就没有现在的沙田。这从"围"的地名称呼也可以反映出来。疍民流动性很大，没有宗祠，没有族谱，对于血缘、宗族的认同，没有陆上人那么在意，甚至是无所谓的态度。对此，被访的其他东莞原疍家也持相同的态度。[3]

东莞疍家对于无宗祠、无族谱，不必跟陆上人同宗共祖的无所谓态度，与顺德一带稍有不同。"（顺德）沙田疍民在历史来源方面有一种特色，即人口较多的族姓都有他们自己的族谱，并且在顺德县容奇等地有其本族的祠堂，这些都成为沙田疍民替自己辩护说与

---

① 参见张振江、陈志伟《麻涌民俗志：岭南水乡社会研究》，汕头大学出版社，2008，第 17、181、343 页。
② 2013 年 7 月 27 日访谈记录。
③ 2013 年 7 月 4 日访谈记录。

岸上汉人没有什么区别的论据。"① 然而，根据伍锐麟等的调查研究，发现也有些东莞蛋家人有族谱，他们与珠江三角洲其他地市的蛋民之间有一定的渊源。根据沙南的梁姓及陈姓的老者说，他们是从东莞迁移过来的。陈姓从东莞移来，至今已有十二代，且有族谱。梁姓是沙南蛋民的"大族"，也有族谱（抄本族谱）。他们以为族人是从南雄的珠玑移来大湾，再从大湾移到这里（沙南）。其实族谱里的记载错误很多，殊不可靠。"听说他们（沙南村民）的族谱多在四十年前西水涨大时失去，现在存下来的只有陈梁两姓的族谱。他们对于祖先的观念很深，最少每家都有神主牌——用木板一片书明死者的生死时日，死者是男便书先考，若是女的便书先妣，和我们普通所见的神主牌没有分别。"②

"如果我们把族谱看成一种无意识史料的话，那么族谱对于我们的研究来说，它的意义是在于它体现了一种秩序，体现了一种历史过程的结构，而不仅仅是修谱者个人的观念和对历史的编造。因为修谱者这样做，是基于当时人持有的某种共同的观念，表现了当时的社会和文化的规范。"③ 从东莞迁移过去的沙南陈、梁两姓蛋家人，是否也折射出这样的社会心理与文化价值导向？其关于祖先、姓氏来源的修谱行为与"族谱叙事"，是否模仿陆居族群？抑或一种涵化的过程，经历了反抗、适应与接受的五味杂陈？

东莞蛋家既无祠堂，亦无族谱可考，故难以追溯其祖先源流。

---

① 广东省民族研究所编《广东蛋民社会调查》，中山大学出版社，2001，第7页。

② 参见伍锐麟著，何国强编《民国广州的蛋民、人力车夫和村落——伍锐麟社会学调查报告集》，广东人民出版社，2010，第31、35页。

③ 刘志伟：《在国家与社会之间：明清广东地区里甲赋役制度与乡村社会》，中国人民大学出版社，2010，第236页。

其实，在他们心中或许并未完全放下"去边缘化"和"重构身份"的意识，但是途径并非只能依附陆上的大姓或假托显贵的家族背景。与疍家的族群来源相关的，还有归属的问题。从各种疍民内部族群来源的传说可见，众多的各不相容的传说体现了整体疍民的非认同心态，在心理上没有自觉地成为一体，缺乏作为一个民族的凝聚力和向心力。① 现实中也有部分疍家人希望疍民能成为一个独立的民族。虎门 D 叔谈及，他希望在新中国成立之初的时候，疍民能成为新中国的第 57 个民族。然而，疍民为何不能成为一个民族？他解释道，根源在于疍民的文化。因为没有固定的地方，不能稳定聚居地生活，没有统一的语言，没有统一的风俗，疍民的文化、生活方式、风俗不能保存下来。他进而解释为何没有祠堂：一是疍家人没有土地；二是水上人多姓氏，人分散，团结、齐心程度不及农民，容易被人欺负；三是一般都抱着无所谓的态度，很多文化遗产、文化传统被忘记了，被遗弃了。② 从中可见，东莞原疍家人当中，也有一些人对于自身身份的认同、自身族群文化的延续有着自觉的意识，对历史上的疍家和疍家的历史有着清醒的思考。

---

① 参见莫雁诗《试论疍民不是民族》，《广西地方志》1995 年第 2 期。

② 2013 年 7 月 24 日访谈记录。

第二章　东莞疍家的地理分布及历史变迁[*]

　　疍民的分布横跨的地域分外辽阔，北至甘肃，西至四川之西、贵州黔东南从江县边缘，南至两广珠江水系、广东东部韩江水系，东至福建的九龙江、闽江各水系，广东、福建、海南三省以及广西壮族自治区等地的滨海水域，几乎都有疍民的踪迹。疍民在地理上分布广阔，不限于上述地域，有的居住在南海的部分岛屿上，甚至在东亚儒家文化圈很多国家中都能找到他们的踪迹。

第一节　东莞疍家的地理分布

　　在宋代，疍民多分布在两广一带，至明清时期，尤以广东为多。广东海域辽阔、江河纵横，凡水域之地，几必有舟楫。广东的疍民历史上大概分布在珠江流域、沿海一带及韩江流域，其中

---

*　本章部分内容曾以《东莞疍民的地理分布及历史变迁》为题，载林有能、吴志良、龙家玘主编《疍民文化研究（二）——第二届疍民文化学术研讨会论文集》（香港出版社，2014），收入本书时做了一些修改。

又数珠江下游各支系为多。珠江流域蛋民最多的地方是番禺、南海、三水、顺德、香山、新会、东莞各县的珠江主流及支流。凡是有河流小溪之处，都可以见到蛋民的踪迹。在好多小河细流，特别是在城市小镇以至乡村的河面，多有蛋民的艇舶。东江由广州东往，经过石龙、惠州等处，以石龙较多。① 顾炎武也曾在《天下郡国利病书》中指出，蛋民在"东莞、增城、新会、香山，以至惠、潮尤多"。②

广东蛋民分布区域可分为三大块：第一类区为广东滨海一带，延伸到香港、澳门。第二类区为珠江三角洲沙田区。第三类区为内河的东江、西江、北江的船艇；漠阳江流域的闸坡等处；粤东的韩江流域和沿海地带，从汕头、惠来的甲子港到海丰、陆丰、汕尾、惠阳的澳头等城镇。③ 其中生活在海洋上的俗称"咸水蛋"，生活在江河上的俗称"淡水蛋"。历史上东莞蛋家主要沿着境内河网水道分布于麻涌、沙田、虎门、石龙、茶山、石碣、中堂、万江等镇街，尤以沙田、沿海、出海口及以石龙为顶点的东江三角洲河网区为多。如果以《广东蛋民社会调查》一书对广东蛋民类别的区分来看，东莞蛋家兼有沙田蛋民（沙田区）、咸水蛋民（沿海一带）和淡水蛋民（内河各支流）三种类型。虽然对"沙田"的定义至今仍存在不同的说法，沙田本身有一个相对较长的成形期，且蛋民的流动性大，这三种类型的蛋民或常处于动态过程，彼此之间可以相互转换，但

---

① 参见陈序经《蛋民的研究》，商务印书馆，1946，第52~53页。

② （清）顾炎武：《天下郡国利病书·广东下·杂蛮》。

③ 参见广东省民族研究所编《广东蛋民社会调查》，中山大学出版社，2001，第12~13页。

一些研究表明他们也有相对固定的活动区域，也有其内部联结的纽带，① 在此不妨借用，以方便问题的探讨。

一　内河疍民

（一）东莞境内的江河水网

东莞地处珠江口东岸，地势东南高西北低，市境 96% 属东江流域，河涌交错、河海交汇，东莞地区的珠江主流及支流是珠江流域里疍民最多的地方之一。疍民分布于东江北干流、南支流、寒溪河、石马河、出海口、沿海滩涂、沙田等地，遍布东莞境内沿海及东江沿岸各地。

穿越东莞境内最主要的河流为东江，其发源于江西省寻乌县桠髻钵山，中经龙川、河源、紫金、惠州、惠阳、博罗等县市而至东莞市，入东莞后，流经桥头、企石、石排等镇而至石龙，流域面积27040 平方公里。秦汉时期，江左石排一带，江右园洲整片，直至石龙、中堂这些后来成为东江三角洲的地方，都是东江下游冲积三角洲区域。秦汉以后，各处沙洲陆续浮出水面。随着人群的聚居和农业的发展，防水堤被筑起来。主要有东江堤（1087 年）、西湖堤（1241 年）、三村圩（1394 年）以及黄家山堤（1850 年），这使得东江游荡区的面积逐渐缩小。明初，最终在石龙之东分汊为东江北干流和东江南支流。②

---

① 具体可参见陈序经《疍民的研究》（商务印书馆，1946）第二章和张寿祺《蛋家人》（香港中华书局，1991）之丙部《习俗与民风》中的研究。

② 参见中共东莞市石龙镇委员会、东莞市石龙镇人民政府编《东莞市石龙镇志（第一卷）》，岭南美术出版社，2004，第 35 页。

　　东莞境内东江北干流及南支流、寒溪河历史上为东莞内河蜑民相对聚集区域。东江北干流北岸为增城县和广州市郊区；南岸为东莞市石碣镇黄泗围、六境，高埗镇塘厦，中堂镇上北沙、下北沙、斗朗，麻涌镇欧涌、南洲、大盛，于大盛注入狮子洋。[①] 东江北干流自东北角博罗、惠阳之间入境后，沿北部边境自东向西行至桥头新开河口，有发源于宝安县的石马河流入，至企石有企石河注入。至石龙镇分出南支流后，经峡口、石碣、樟村、莞城、道滘、沙田，于泗盛注入狮子洋；与来自增城的支流汇流，经市境的大盛注入狮子洋。

　　东江北干流与南支流之间为东江三角洲的河网区。东莞市境内东江在南北分流后，河道纵横交错形成水网地带，且水道宽阔。在北干流与南支流之间，形成以石龙镇为顶点的东江三角洲河网区。北面以东江北干流为界，东南到南支流（即东莞水道），西面到狮子洋。该三角洲大小支流众多，较大的有赤滘口河、大汾水、厚街水道、潢涌河、中堂水道、倒运海水道、麻涌水道、洪屋涡水道等8条。[②]

　　北干流至东莞桥头新开河口有石马河注入。石马河，清代叫九江水，发源于宝安县大脑壳山，经观澜圩、塘厦、石马圩，由南向北流入常平镇，经旗岭、九江水村、陈屋贝、司马转入桥头镇，注入东江。

　　南支流在峡口接纳来自东莞市境内中部的寒溪河。寒溪河，古称青鹤湾，俗称梅塘水或峡内水。它的来源有两支，其一源于东莞

---

① 参见东莞市地方志编纂委员会编《东莞市志》，广东人民出版社，1995，第141页。

② 参见东莞市地方志编纂委员会编《东莞市志》，广东人民出版社，1995，第140~141页。

市境内观音山，其二源于马鞍山和莲花山，两支在沙埗汇合，流经袁山贝、合浦市，折向西北，经岗梓的鸡咀到横沥镇与东来的仁和水相汇，经茶山、峡口注入东江南派。由南向北流经黄江、常平和横沥，又转西流经东坑、寮步和茶山，直至东城之峡口注入东江南支流，总长59公里。在旱季期间，河水可灌溉周边镇的10多万亩农田和旱地。在铁路、公路未通之前，寒溪河是内河航运的大动脉，河道曾可供10吨以下船只航行。货船从常平上溯，可达大朗镇之保安圩、保和圩；下航可经横沥、茶山出峡口，分达石龙、莞城等地。沧海桑田，20世纪80年代以后，随着经济的快速发展，往日寒溪河水系如网的支流小溪多已填平，成为工业或商业用地，不复存在。

（二）东江北干流及南支流至出海口区域的疍民

东莞内河疍民主要沿着上述三大水网分布，集中在石龙、茶山、石碣、中堂、万江等地。石龙原属东江游荡区，两晋时期，渐成沙洲，至宋代，聚居者日众，于明嘉靖年间（1532～1566）正月初四开圩。[①] 东江发源于江西，流经广东七个县市至石龙东部，然后分南、北干流，夹石龙镇而过。因此，石龙成了东江咽喉。在以木船为主要运输工具的岁月里，石龙是东江流域物资的主要集散地，也是东江流域与西江、北江流域物资的转运地，由此而使工商业繁荣起来。到清代，石龙与广州、佛山、顺德陈村并称"广东四大名镇"。其中心区最初的住民是疍民，据《刘氏家谱》和《中围村史》记载，宋末元初有人在石龙中心区定居，最初的人口是疍民、船民，

---

① 参见中共东莞市石龙镇委员会、东莞市石龙镇人民政府编《东莞市石龙镇志（第一卷）》，岭南美术出版社，2004，第9页。

他们的船只经常泊于石龙沙洲和水南（此时水南即现在的石龙林屋、中围村）沙洲，搭竹棚于岸边，烧柴煮饭，安置老人小孩，久而久之便定居而成为石龙最早的居民。稍后，便有人在此耕种。① 1948年，东莞疍家主要分布在东江流域的石龙、水南、黄家山、茶山、草洲、黄涌、新洲、桥头、东岸、铁岗、潼湖、博罗、企石、上南、刘屋、鳌峙塘、中堂、江南、望牛墩、朱平沙、卢村、漳澎、麻涌、洪屋涡、万江等处。新中国成立初期，东莞所有渔民向太平、莞城、石龙三大镇聚集。石龙、中堂、桥头、水南等一带的渔民归属石龙渔业公社管辖。② 1963年2月18日，东莞县渔业人民公社划分为莞城、石龙、太平三个渔业人民公社。中围、王屋洲、黄家山划出石龙，入石碣。1974年4月11日，莞城、石龙、太平三个渔业人民公社合并为东莞县新湾渔业公社，石龙从此无渔民集体。③

　　沿着东江北干流南下，可看到中堂地处东江下游，东江北干流流经该境，境内河汊纵横交错，以往外出交通和运输以船艇为主，也曾是疍家聚居之地。

　　沿着东江南支流，分布着石碣、莞城、万江、常平、东坑、茶山等镇街。这些地区历史上也是疍民生活的地方。东莞县县城外西北部地区濒临东江南支流，河网密布，水运交通十分便利。清代中期以后，基本形成了以县治区域为中心，以石龙、太平为副中心的水运交通网。遍布的水网，发达的水路交通，也吸引疍民

---

① 参见中共东莞市石龙镇委员会、东莞市石龙镇人民政府编《东莞市石龙镇志（第一卷）》，岭南美术出版社，2004，第479页。

② 参见《虎门镇新兴村志》。

③ 参见中共东莞市石龙镇委员会、东莞市石龙镇人民政府编《东莞市石龙镇志（第一卷）》，岭南美术出版社，2004，第23页。

在此营生。据记载，"同治元年（1862）七月，飓风大作，潮水暴涨，沿江一带民房冲毁，渔船蛋民覆沉无算"①，可证当时蛋民栖居谋生于此。

万江与莞城仅一河之隔，也要靠渡船来往，其水上运输历史悠久，清代便有人用木帆船从事专线客货运输。据记载，万江原是被河网港汊分割的一个名不见经传的小渔村。南宋绍兴年间（1131~1162），曾任东莞知县的江西人尹烈后裔开始在万江地区定居。明天顺八年（1464）立村，初曰蛋家租；清雍正八年（1730）称万家洲；清嘉庆二年（1797）称万家租，因江河如网，后改称万江租；习称万江。② 界内多有蛋民居住。相传番禺明经乡人乘坐木船顺着珠江入汾溪河，到大汾村后面的沙滩上搭茅棚住，靠打鱼、摸蚬度日。又如位于东江南支流下游的大莲塘社区。该村于明天启三年（1623）立村，相传祖先原是渔民，后移居岸上。该村又名叫"莲塘江"，曾入中堂巡司属，于1930年后才入万江洲属。再如小享，地名镜溪（又称小溪），位于东莞城西6公里处，为东江游淤之地，即河口喇叭湾项部淤积地。900多年前原是荒岛，随着东江河口的泥沙慢慢沉积，陆地面积日益扩大，渐成三个相互联系的岛屿（即现在的林、梁、唐三坊）。最早的先民传说是邵姓渔民（又称蛋民），他们举家来到海上，搭盖茅屋，以捕鱼为生。后来其他渔民及垦荒者也相继上岛定居，从事农业、渔业和畜牧业。接着手工业者和小商小贩也

---

① 《东莞市莞城志》编纂委员会编《东莞市莞城志》，岭南美术出版社，2011，第20页。

② 参见《东莞市万江区志》编纂委员会编《东莞市万江区志》，中华书局，2010，第1~7页。

来岛上经营日用杂货，收购农副产品。① 清末万江由中堂巡司管辖的地方有些地名值得注意，如蜑家窟、黄屋基（近大汾新西村）和合滘（即"豪侠滘"，又名"蚝壳坳"），这些都透露出蜑民在此生活的痕迹。此外，屈大均有一首《蕉利村春望》——"望望烟波上，芭蕉满海天。人家龙眼国，生计荔枝田。日出莺花里，云生鸡犬边。捕鱼乘水节，一一放罟船"②，蕉利村在今中堂和万江交接处，濒临东江支流，由诗中所记场景可推测当时这一片蜑家生活的景象。据《东莞市洪梅镇志》所载，清顺治二年（1645），洪姓渔民最先到洪屋涡定居，随后，江姓、周姓、叶姓、吴姓、莫姓等陆续迁入，洪屋涡发展成村。③ 可推知洪梅地区最先的住民便有蜑民。

（三）东江南支流与寒溪河、石马河、东坑河等交叉河网区的蜑民

寒溪河流经黄江、常平和横沥，又经常平往西流经东坑、茶山，曾经是东莞境内及和外县市的交通要道。东坑境内另有南北走向的东坑河（又名东坑水），河道可通行船只，直达省城广州、佛山、顺德陈村、东莞石龙。据历史记载，宋孝宗年间（1163~1189）始有人前来东坑搭寮定居，繁衍生息，后来徙居东坑的人络绎不绝，人烟渐重。尧姓村民放鸭到廖边头，搭寮定居，后温姓人也在草寮北建房定居。元泰定元年（1324），番禺钟村南边塘苏可仁带母鸭来到

---

① 参见《东莞市万江区志》编纂委员会编《东莞市万江区志》，中华书局，2010，第110、86、93、106页。

② （清）屈大均著，欧初、王贵忱主编《屈大均全集》（一），人民文学出版社，1996，第476页。

③ 参见《东莞市洪梅镇志》编纂委员会编《东莞市洪梅镇志》，广东人民出版社，2010，第5页。

角社村牧养，见涌浦鱼虾多，便于饲养，经世居祁姓允许，遂搭寮角社黄古岭奉步定居。① 常平镇的塘角村于元朝中期，由原来在岗梓立村的始祖周德光的第三子周思保立村。当时，该地有李姓、梁姓等四姓杂居。相传，周思保居岗梓时以养鸭为生，常牧鸭于村前牛栏埔一带，在一水塘边搭寮歇息。久之，遂在此定居。②

以上所引材料多谈及"搭寮""牧鸭""捕鱼虾"，史料多以"舟居""捕鱼"为界定疍家身份的主要因素，其实不尽然。其一，有不少文献显示疍家在岸边搭寮居住，过着"水陆两栖"的生活，或在岸边修理船只和渔网，或上岸与陆上人进行物物交换，换取生活物品；其二，东江三角洲地区的形成经历了漫长的过程，如石龙地貌便经历了由东江游荡区到沙洲再到农田村落的过程。唐代以前，石碣地区是浅海区，后由于东江河泥沙不断淤积而成为陆洲。宋代才有人迁到这块洲地上繁衍生息。③ 宋、元时，在东江三角洲的南部，即在麻涌以南、莞城以西的地带，仍是"汪洋弥漫，洲渚无多，莞城到涌口外，直名为海"。清初时，东江三角洲的沙淤范围始近今貌。④ 又如明朝初期，东江流经茶山镇的粟边村（原名石璧头），一片汪洋，先民依傍一座石山（石背岭）居住。⑤ 珠江三角洲地区的

---

① 参见《东莞市东坑镇志》编纂委员会编《东莞市东坑镇志》，岭南美术出版社，2008，第61~62、2页。

② 参见《东莞市常平镇志》编纂委员会编《东莞市常平镇志》，广东人民出版社，2009，第53~54页。

③ 参见《东莞市石碣镇志》编纂委员会编《东莞市石碣镇志》，中华书局，2010，第1页。

④ 参见佛山地区革命委员会《珠江三角洲农业志》编写组编《珠江三角洲农业志（初稿）》，1976，第89页。

⑤ 参见《东莞市茶山镇志》编纂委员会编《东莞市茶山镇志》，岭南美术出版社，2010，第124页。

沙田大量出现是在明清时期。① 可以推测宋、元时期东坑、常平一带也有沙洲、滩涂，有疍民在此搭寮、捕鱼、牧鸭。因而，虽说搭寮、捕鱼者不一定是疍家，但也没有材料证明其不是。与常平和东坑不同，茶山地境有反映疍家生活的清晰记载。疍家在茶山生活的历史至少可追溯到南朝梁时，他们是茶山地区原有居民之一。当时茶山"人居尚少，河边一带疍房湾泊"，后至南朝陈、隋朝、唐朝、五代十国时期，"庶民渐渐星居，宋朝始有别省人民迁来"②。另有部分茶山人移居石龙地区生活。茶山塘角有个麦姓小村，因受大村大族人欺负，而石龙外来者众，很少宗族打斗，于是大批人一起迁来石龙，在堤外江边搭竹棚居住。后来随着生活好转，拆茅寮竹棚改建瓦房，这就是新街，现还存有麦氏祠堂。③ 此外，即便在 20 世纪 90年代，依然可以在东城余屋附近的寒溪河上看到疍家人。④ 2001 年至 2006 年，石排镇鲤鱼洲东江上还常可见疍家人，他们住在船上，平日里多前往企石镇临江的黄大仙山坡上（今企石镇体育馆附近）卖渔获。据企石镇宣传办的一名工作人员透露，该镇疍家主要来自三水县和南海县。

---

① 珠江三角洲滨江和濒海地段筑成基围构成沙田以后，必须大量养鸭。"屈大均在《广东新语》中曾记述过这种情况：'广州濒海之田，多产蟛蜞，岁食谷牙为农害，惟鸭能食之'"，"历史上珠江三角洲一带较少蝗灾，堤围亦比较稳固，庄稼长势良好，这与三角洲地段大量养鸭有密切关系"。参见张寿祺《蛋家人》（香港中华书局，1991），第 118、120 页。

② 民国《茶山乡志》卷九十七《杂录中》引《张铁桥年谱》。

③ 参见中共东莞市石龙镇委员会、东莞市石龙镇人民政府编《东莞市石龙镇志（第一卷）》，岭南美术出版社，2004，第 480 页。

④ 据一名生长于寒溪河畔的学生回忆。

二　沿海疍民

沿海疍民以渔业为主要职业，分布于沿海主要渔港，东莞的太平（今虎门镇）、麻涌及长安部分地区的疍民属于这一类型。从长安磨碟口至虎门沙角，海岸线长 13 公里。沿珠江口、狮子洋上至麻涌南洲的海岸线长 61.4 公里。沿海岸线辐射出去的浅海滩面积计有 8.7 平方公里。新湾（1998 年并入虎门）倚山临海，西、南两面濒临珠江河口，南临沙角，东与虎门相邻，面积 4.8 平方公里。[①] 这里有绵长的海岸线及良好的港湾，也曾是疍民聚居的地方。

今虎门镇村头、东风、宴岗、路东、沙角、镇口、南面、北面、武山沙、新兴诸村，历史上都是疍家活动的地方，其中有相当一部分曾经属于沙田区。1987 年，虎门村头发现新石器时代贝丘遗址。从出土的多件文物可推知至少在 3000 年前，古先民就已在这片土地上渔猎，繁衍生息。此地在远古时位于江海滩头，明清时期船舶尚可直接停泊村前。镇口村村民的先祖在元代从宝安避祸至此，初在海滩边搭寮以捕鱼为业，后依山结庐定居，繁衍成虎门望族。新兴村村民大部分是渔民。清代以前，虎门寨居民社区一带山麓处就有渔户散居，但流动性大。[②] 另外，《东莞市虎门镇志》中还明确记录了明洪武十五年（1382）、明正统十三年（1448）、明万历十年（1582）、清康熙八年（1669）、清雍正七年（1729）、清同治元年

---

① 参见东莞市地方志编纂委员会编《东莞市志》，广东人民出版社，1995，第 141~144 页。

② 参见《东莞市虎门镇志》编纂委员会编《东莞市虎门镇志》，广东人民出版社，2010，第 86、101~112 页。

（1862）发生在当地的关于蜑民的事件。①

麻涌镇漳澎村于清康熙十二年（1673）建村，与沙田镇、洪梅镇一江之隔，南与番禺海心沙、莲花山隔海相对。因濒临狮子洋，立村前，多为流动渔民泊居。后因冲积而成的沙洲不断扩大，渐成草滩，渔民选高地搭棚盖房定居。②

新民村位于长安镇最南端，约清末立村，东宝河（俗称茅洲河）自东北向西南傍村而过后流向珠江口。由于东宝河水与海水交混，内河带来的丰富饵料为鱼虾生长提供了良好的生长环境，水产资源丰富。顺德、番禺、中山、宝安、虎门等地的渔民聚集于河边这片冲积而成的滩涂上，捕鱼为生，渐渐形成了后来的新民村。③

三　沙田蜑民

珠江三角洲各地居民对沙田的定义或不尽相同。沙田的含义相当广泛，它不仅仅局限于可耕作的冲积田地而言。凡是一切淤积涨生的田坦均属沙田范畴，诸如围田、潮田、桑田、桑基、葵田、葵基、鱼塘、草坦、水坦、单造咸田、荒田、洲园、鱼塭、蚝蚬塘坦等，均属沙田之内。④ 就沙田形成的历史而言，唐代及以前即有坦田

---

① 参见《东莞市虎门镇志》编纂委员会编《东莞市虎门镇志》，广东人民出版社，2010，第10~20页。

② 参见《东莞市麻涌镇志》编纂委员会编《东莞市麻涌镇志》，中华书局，2012，第62页。

③ 参见《东莞市长安镇志》编纂委员会编《东莞市长安镇志》，广东人民出版社，2009，第91页。

④ 参见谭棣华《清代珠江三角洲的沙田》，广东人民出版社，1993，第5页。

（河滩地）形成，但成为陆地可能在宋代以后，即形成沙田区。元代，基本完成三角洲。明清两代是沙田淤涨、河道变窄变少时期，河口不断向海延伸。① 广东的沙田主要集中在狭义的珠江三角洲一带，即三水思贤滘以下，东莞石龙以下地区，今中山、顺德、番禺、东莞、宝安、新会、南海、台山、斗门等县。东江三角洲主要为冲积平原及滨海平原区，绝大部分在东莞县境。明代，具有珠江三角洲特色的基圹区、围田区、沙田区等几个土地利用的特殊类型地区也逐步形成了。②

概言之，沙田是在沿海濒江地带由江河带来的泥沙冲积而成的土地。明、清两代是珠江三角洲沙田开发的重要时期，那时本地已经人烟辐辏，政府已经开始采取措施编户齐民。据测算，清代珠江三角洲的沙田面积因此比明代增加了一倍以上。③ 明清时期，东莞就已经成为珠江三角洲围海造田最多的地区之一。介于各个时期沙田地域的界定有一定的变动，沙田区绝大部分形成于明、清两代。

东莞沙田镇地势平坦，河涌交错，属珠江三角洲平原的一部分。清代以前为江河流域，清代中叶逐步冲积成洲。④ 沙田地区除了厚街、麻涌等地农民到此联围造田或有钱人家请疍民来沙田耕种外，有相当部分是从番禺、顺德、万顷沙、虎门流居到此的渔民。从各村立村及水上人家流居时间来看，多为清嘉庆、同治年间流动过来，距今210年至160年。如大流村相传是200多年前番禺的市桥、顺

---

① 曾昭璇：《中山冲缺三角洲地形简介》，《人民珠江》1998年第3期。

② 参见佛山地区革命委员会《珠江三角洲农业志》编写组编《珠江三角洲农业志（初稿）》，1976，第3、95～97页。

③ 参见张振江、陈志伟《麻涌民俗志：岭南水乡社会研究》，汕头大学出版社，2008，第13～14页。

④ 参见中共沙田镇委员会、沙田镇人民政府编《东莞市沙田镇志》，2003，第62页。

德等地渔民"流居"在此而建。泗盛村是番禺、万顷沙渔民流居此地，边渔边农，后而建立。泗沙村民是渔民流居而来，以捕鱼为生，因水上谋生艰难，上岸定居耕田。洲仔村民最初则是来自常在此地避风的渔民，后上岸定居，边渔边农，以农为主。石塘尾村民是由渔民定居而来的。西大坦村相传200多年前为海滩，附近渔民流居此地，部分渔民上岸围滩造田成村。齐沙村，相传150年前从万顷沙、番禺等地以及附近的渔民来此定居，围滩造田建村。大泥村委会的大有村、满丰村、祥盛村是番禺万顷沙人最早来此定居，其余村人是外地渔民在此围滩造田建村者。稔洲村相传是150年前太平镇口人和水上人家来此定居而建。[①] 蜑家是这些村落的开辟者，是大沙田的筑造者。

虎门东风村各自然村落古为水畔岛屿、洲渚滩涂，是渔民停泊聚集之地。其中新墟原称广济墟，地处广济河边，是当年虎门一带交通运输的中心和商品集散地。宴岗村一带原为水中岛屿，西临珠江口，江海相涌，潮涨为海，潮退为滩，居民往来均需涉滩而过，故民间又称之为"对面岗"。此地原为渔民停泊聚集之处，元、明时期逐渐有居民迁入定居。鸦片战争爆发后，清政府于虎门沿海屯田养军，在珠江口沿沙角一带围堤造田，宴岗一带逐渐变成水网沙田，村民也逐步转以农耕为主。路东村南临珠江口，民国时归南宁乡管辖。这一带原为海滩，涨潮时水域辽阔，退潮时为滩涂，盛产牡蛎（蚝）。清道光、咸丰年间，因沿海修基筑围（俗称拍围）、围滩招垦，中山、番禺等县沙民、渔户陆续迁入佃耕，到民国时期已形成十几个基围小村，杂居多姓。沙角村位于虎门镇最南端海陆交角处，

---

① 中共沙田镇委员会、沙田镇人民政府编《东莞市沙田镇志》，2003，第228页。

濒临珠江口，东连路东村，西靠沙角炮台。早在元代，此地就有居民聚居。村民姓氏较杂，以陈、梁等姓为多。沙角一带清中叶前为海岛，北面水域为海滩，是渔民靠岸停泊之所。镇口村位于虎门镇西北部，与虎门头相通，控制舟楫溯莞的咽喉要道，历史上是珠江水道重要门户。宋、元时为普通渔村，明初设巡检司，负责地方治安及处理地方政务等。清代曾在此设置海关关口，名"镇口口"。①清末镇口人曾往稔洲等地筑围造田。②南面村在宋、元时期为沿海（江）渔民靠泊避风之所，后陆续有人上岸定居。民国时期，南面一带村民住宅均为茅棚竹寮，亦渔亦农。新中国成立后，原居沙民就地分田，改建新村。北面村古为珠江水道渔民、商旅避风落脚之所，山前为水沥滩涂，多篷寮舟楫，西望虎头门，历来为军事汛地驻军设防。鸦片战争后，沿海（江）滩涂逐步围垦成田，陆域延伸，居民聚集，渐成村落，统称"武山沙"。渔港村村民多为渔民，原散居番禺、小虎、沙仔、坦头、六颈及太平新洲、虎门寨、河仔等处，村民主要以出海捕鱼为业，部分从事水上运输业。③

第二节　东莞疍家分布的变迁

东莞疍家流动性大，虽然在地理上的分布可以随时变化，但是

---

① 参见《东莞市虎门镇志》编纂委员会编《东莞市虎门镇志》，广东人民出版社，2010，第101~105页。

② 参见中共沙田镇委员会、沙田镇人民政府编《东莞市沙田镇志》，2003，第59页。

③ 参见《东莞市虎门镇志》编纂委员会编《东莞市虎门镇志》，广东人民出版社，2010，第107~110页。

仍可大致描绘出其分布的历史变迁情况。

一 晋、唐时期

魏晋南北朝至隋唐时期，"蜑"泛指南方蛮夷，并不限于水居。至唐朝，疍民多散处于闽粤的滨海地带，以捕鱼采珠为生。关于晋唐时期东莞疍家的记载并不多见，依稀可见当时疍家呈零星的分布状态。地方志书及明清笔记等文献有部分记载，如万历《广东通志》卷七十《外志五·杂蛮》所记：

> 蛋户者，以舟楫为宅，捕鱼为业，或编篷濒水而居，谓之水栏。见水色则知有龙，故又曰龙户。齐民则目为蛋家。晋时广州南岸周旋六十余里，不宾服者五万余户，皆蛮、蛋杂居。自唐以来，计丁输课于官。洪武初，编户立里长，属河泊所，岁收渔课，然同姓婚配，无冠履礼貌，愚蠢不谙文字，不自记年岁，此其异也。东莞、增城、新会、香山，以至惠、潮尤多。

又如崇祯《东莞县志》卷八《外志·蛋》所载：

> 蛋户皆以舟楫为宅，捕鱼为业，或编篷濒水而居，谓之水栏。见水色则知有龙，故又曰龙户。齐民则目为蛋家，其来未可考。按秦始皇使尉屠睢统五军，监禄杀西瓯王，越人皆入丛薄中，与禽兽处，莫肯为秦，意此即其遗民耶？自唐以来，计丁输课于官。洪武初，编户立里长，属河泊所，岁收鱼课，其姓麦、濮、何、苏、吴、顾、曾，土人不与结婚，近亦有土著服食视贫民，而罾门海面，多归势家矣。

这是与东莞疍家相关的较早的历史文献，可知疍家自唐代开始即被纳入官府管治，但数量规模不知，或也只是零散分布，其来源也不可确考。

二　宋、元时期

宋代的很多文献有关于疍家的文字记载，如乐史的《太平寰宇记》、陈师道的《后山谈丛》、周去非的《岭外对答》、范成大的《桂海虞衡志》，又如被贬谪入岭南的文人士大夫如苏轼等的诗作，都曾将疍家写入其中。由此说明至少在北宋，疍家即已较常见，其在宋代广东一带已有相当活跃的表现。据史料所载，北宋真宗大中祥符二年（1009）至南宋高宗绍兴末年（1150～1162），广东东部沿海一带已有疍民数万户。① 其中有多少东莞疍户不可得知，但应该也是一个不小的群体。据研究，宋代岭南疍民空间分布的范围比唐代大为扩展，沿海和珠江、韩江、漠阳江、南流江等水域都有他们的踪迹，约分布在今广州、南海、新会、东莞、番禺、清远、潮州、汕尾、阳江、雷州、惠州、琼山、三亚、文昌、陵水、万宁、合浦、钦州、防城，以及内河肇庆、梧州、桂林等地，基本呈线性分布空间格局。② 两宋时期，疍家活动的重心在岭南及其滨海地区。东莞在这一疍家活跃地带的中间段，也是疍家生活的重镇之一。

---

① 《广东通志》卷一八五《前事略》之《交趾传》。
② 参见许桂灵、许桂香《岭南疍民分布历史变迁及其空间格局初探》，载林有能、吴志良、胡波主编《疍民文化研究——疍民文化学术研讨会论文集》，香港出版社，2012，第54～61页。

明末清初东莞茶山张穆《故园茶山记》载：

> 茶山，莞巨镇也。背山临水，周围百里皆浅泽，秋夏积水，汪洋无际，中有鹊岭、罗山、台山、凤山诸小岭，昔疍民居其滨。宋以来，诸姓始从此居，相传由珠玑巷至，则皆海内避乱流寓者。余张氏出曲江，当宋末祖某为澄海令，不能归，后从西湖东洲迁茶山。吾党借疍民之地，开岁宴会招之，年远不能如约，以糕饼散其老幼，至今遂以为常焉。①

这里记载了张穆的宗族"借"疍家所住的地方的事。从张氏家族的叙事中推知，至少在宋代即有疍家聚居在东莞茶山一带。宋、元时期，地处威远岛南端的虎门南面村，即为沿海（江）渔民靠泊避风之所。② 《元一统志》也有关于疍家在东莞靖康采蚝货卖的记载。③ 这些都反映出东莞疍家活跃在这一区域的情景。

三　明清时期

据嘉庆《东莞县志》记载，"明置河泊所以领蛋户。沿海蛋民分为上下十二社，编次里甲，督征鱼课，如县之坊都。"明洪武十四年（1381），官府于东莞城西驿之南设河泊所，专管邑境疍户，将沿海疍民分为上下十二社，编次里甲，征收渔课。其中上六社为石碣、

---

① 民国《东莞县志》卷九十七《杂录中》。

② 《东莞市虎门镇志》编纂委员会编《东莞市虎门镇志》，广东人民出版社，2010，第107页。

③ 参见（元）孛兰肹等撰，赵万里校辑《元一统志》（下册），中华书局，1996，第669页。

温塘水、宝潭、塘坭涌、堑下、大汾；下六社为新安、大宁、双冈等。① 而关于蛋民人口数据的清晰记载则在明嘉靖年间。据载，明嘉靖三十一年（1552），莞邑总户数有 25362 户，其中蛋户 1412 户，占总户数的 5.6%。② 以当年每户人口平均 6 人来计算，东莞蛋家有 8000 多人，颇具规模。"其后裁革所官，归课于县，而社如故。自海氛不靖，蛋民之骁者，半入寇中，驯者亦徙居陆地，所谓十二社遂荡然矣。附此以存其名。"③ 由于明代中期蛋民多有逃散者，广东各地河泊所在某种程度上成了虚设，明嘉靖年间河泊所便逐渐被裁革，至清光绪年间已基本被裁撤完毕。清末东莞河泊所已被裁撤，直接由县征收渔课。清初，蛋民上下十二社仍保存，此后蛋民或加入海上盗寇行列，或迁居陆地参与农耕，自此残存的上六社、下六社也不再保留，清末东莞蛋民"杂列编氓"。④ 此外，由于受清初"迁海"的影响，大部分咸水（沿海）蛋民从海居迁移上岸，但各地蛋民数量仍有进一步增加，只是生存空间收缩，其分布更加集中。清朝末年，"水上人在海上的群体组织力量，不能小觑。18 世纪英语世界出版的曾踏足中国的欧洲航海家的游记，每当讲述他们的船打算先到澳门再进广州时，都会提到如何在伶仃洋上物色本地船民作引水人的经历。"⑤

---

① 参见嘉庆《东莞县志》卷九《坊都》。

② 《东莞市海洋与渔业志》编纂委员会编《东莞市海洋与渔业志》，广东人民出版社，2014，第 2 页。

③ 嘉庆《东莞县志》卷九《坊都》。

④ 参见民国《东莞县志》卷三《坊都》。

⑤ 程美宝：《遇见黄东：18—19 世纪珠江口的小人物与大世界》，北京师范大学出版社，2021，第 199 页。

四 民国时期

1912 年 3 月 17 日，南京临时政府颁布《大总统通令开放蛋户惰民等许其一体享有公权私权文》，宣布蛋户、惰民、丐户、奴（义民）、僧（剃发者）、优娼、隶卒等均享有选举、参政、居住、言论、出版、集会、信教等公民权利和自由。[①] 1932 年，"广州办理地方自治，于各区及农工商各界市参议员选出之后，据广州报纸所载，蛋民因未得参加，曾联合河中各区，推派代表，到协助自治委员会，要求成立水上自治区。听说他们所持的理论是：他们既负有纳税的义务而为市民之一部分，也应当享有政治上的参与权。在事实上，这种运动未必得过什么结果。然在原则上，政府曾一再承认蛋民乃市民之一部分，而和过去之视他们为贱种而排斥者，已大不相同。"[②] 同年，广州市人口调查委员会发布了《告水面居民书》，向蛋民陈述人口调查的目的，劝导他们填报人口，这样才能获得法律规定的权利。1934 年，广东省民政厅专门颁发了《严禁压迫蛋民恶习》的训令，明文规定水上居民（蛋民）和其他陆居居民一样，享有平等和自由的权利。陈序经认为，从"蛋民"到"水上居民"这一称呼的转变，说明政府承认蛋民在法律上和政治上拥有与其他居民平等的地位。[③] 国民政府虽然颁布了一系列法律，但并未真正得到

---

① 参见中国社会科学院近代研究所中华民国史研究室等编《孙中山全集》（第二卷），中华书局，1982，第 244 页。

② 伍锐麟著，何国强编《民国广州的蛋民、人力车夫和村落——伍锐麟社会学调查报告集》，广东人民出版社，2010，第 22 页。

③ 参见陈序经《蛋民的研究》，商务印书馆，1946，第 103 页。

落实。在国民党统治时代，曾在河面设立水上警察所，向疍民抽取警捐及其他各种税捐。其后又在河面推行"保甲制度"，征收各种苛捐杂税。① 疍家的实际生活情况并没有得到多大的改善。

民国时期，东莞境内的疍家分布依然很广。20 世纪三四十年代，沿着珠江口溯江而上，新会县、南海县、番禺县各条江河、涌滘，东莞境内的东江干流及其支流，处处会见到这些捕鱼的疍家艇的踪迹。② 20 世纪 40 年代，福建和广东的"疍民合计不下百万，仅广州市内有二万二千户，人口约十万余众"，"广东的疍民船有数千艘，其人口约九万余众"③。据 1948 年统计数据，当时"东莞县的渔民主要分布在东江水网地带的石龙、水南、黄家山、茶山、石涌、草洲、黄涌、新洲、桥头、铁岗、潢湖、企石、上南、石碣、刘屋、峡口、鳌峙塘、柏洲边、道滘的厚德坊、闸口、坬炮台、大汾、中堂、江南、望联、望牛墩、朱平沙、洲涡、卢村、漳澎、麻涌、洪屋涡、万江的三介坊、樟村、江城洲、黄屋沙，还有分布在珠江口虎门邻近的太平新洲、广济洲、镇口、南面上围、蛇头湾、黄坭井、思贤涌、九咀涌、河仔、鹿颈涌、南横涌、小虎、沙仔、坦头等地"④。

五　新中国成立之后

新中国成立初期，疍家仍然活跃于珠江三角洲沿海各地及内河

① 参见广东省民族研究所编《广东疍民社会调查》，中山大学出版社，2001，第137 页。

② 参见张寿祺《蛋家人》，香港中华书局，1991，第 18 页。

③ 转引自路平编著《广州风物》，广东科技出版社，1991，第 180 页。

④ 东莞市地方志编纂委员会编《东莞市志》，广东人民出版社，1995，第 326 页。

各支流中。当时广东疍民人口总数估计有 90 万，其中沿海一带（含东莞太平）的疍民人数，据不完全统计，大约有 15 万人；珠江三角洲沙田区（含东莞沙田及滨海地区）约有 60 万人；内河各支流（含东江水网），据广东省公安厅水上局的调查资料，人数约 15 万。①

新中国成立后，东莞疍家的生活逐步得到改善，政治地位不断提高。1953 年 6 月，东莞以道滘、大汾为试点开展渔区民主改革运动。1954 年初，东莞太平渔区出现第一批渔业生产临时互助组，年底成立了东莞县第一个渔业生产合作社。1956 年，在农村合作社运动推动下，渔业生产合作社纷纷成立。至 7 月，共成立渔业生产合作社 18 个，总户数为 1594 户。1958 年，东莞全县掀起渔业合作化高潮，部分渔民到陆上定居，成为半渔农，其余绝大多数加入了渔业人民公社。从 1962 年起，渔业人口数量逐步增加。新中国成立前，东莞虎门新兴村疍家人的祖辈长年累月居住在渔船上，以河海为生，到处漂流，1950 年后政府才组织他们聚居在一起。新中国成立后，新湾地区疍民在地方政府的帮助和扶持下，也开始陆续上岸定居。在新中国成立后的一段较长时间里，新湾地区聚集了大量的渔民居住。1964 年，新湾渔民聚居地带共有人口 2106 人；70 年代初中期，据疍家人回忆，当时新湾有渔民 10000 多人，沙田先锋有 2000 人左右，中堂有几百人；1990 年，新湾镇总人口增至 14318 人。② 1998 年 10 月 15 日，撤销新湾镇建制。新湾镇的 10 个管理区与虎门镇合并以后，成为虎门镇分片区管理的六大片区之一。新湾

---

① 参见广东省民族研究所编《广东疍民社会调查》，中山大学出版社，2001，第 12~13 页。

② 参见《东莞市虎门镇志》编纂委员会编《东莞市虎门镇志》，广东人民出版社，2010，第 153~154 页。

渔港片区有人口 11177 人，辖 3 个村委会 10 个村民小组，从事渔业的劳动力为 5848 人，半渔农人口 695 人，外来人口 264 人。2006 年，东莞市共有 5 个渔业村。其中虎门镇有 3 个，渔业户 1233 户，渔业人口 9620 人，渔业劳动力 2567 个；沙田镇有 1 个，渔业户 816 户，渔业人口 2844 人，渔业劳动力 1729 个；中堂镇有 1 个，渔业户 167 户，渔业人口 749 人，渔业劳动力 23 个。[①] 其中，渔业人口或已不尽属原疍家人。

第三节　东莞疍家的空间分布及其变迁的特点

疍家是一个生活于江海、海岛、滨海地带的松散的群体，流动性大，萍踪无定，但由于江河水体的客观条件、自然物产资源的变化、社会经济的发展状况及其自身生产生活工具等诸多因素的限制，疍家的营生也有相对固定的一个区域，对其在地理空间上的分布、变迁及特点的探讨也成为可能。

一　东莞疍家的流动变迁

（一）流动的地域

由东江流经地域可窥探疍家在东莞及周边地市之间的分布及流动。东莞疍家流动大致有三：其一，在周边地县市间流动，主要沿

---

① 参见《东莞市海洋与渔业志》编纂委员会编《东莞市海洋与渔业志》，广东人民出版社，2014，第 137、150~152 页。

着东江水网流动，多在惠州、中山、顺德、广州各地之间迁移。如广州沙南"疍民自己多谓来自南海的官窑地方者，又有谓来自东莞，来自清远等处"①。其二，在东莞市内流动，主要在桥头、石龙、茶山、虎门、厚街、麻涌、中堂、沙田、万江之间流动，如前文所述。其三，前往港澳。东莞疍家逃港大多发生在新中国成立后50年代末至六七十年代，虎门、石龙、石碣、茶山等地都有渔民出逃事件。如1956年初，太平镇有42户渔民外逃香港。县委派工作队进驻渔区，进行说服教育并扶持渔民发展生产。至同年下半年，外逃渔民中有28户回归。1959年，太平渔管区渔民大量外逃港澳。1960年，太平有15艘渔船15户共75名渔民出逃到香港。②1979年，石龙地区再一次出现逃港高潮，有468人逃到香港，此后再没发生逃港现象。③

可见，内河间、内河与沿海间、地市间的疍民处于流动的状态，但这种流动并不是无条件的，往往受江海水体的特点及生产生活工具的限制，因此疍家在某个地点有了相对稳定的居处。如"石龙处在东江下游分流的夹口地带，水路往西只有四、五十公里便到珠江。东江水浅湾多；珠江水深浪大。由于两江特点不同，所以两江使用的船只类型也不同。船型不同，就不易相互对开行驶。因此，石龙就处于中转站的地位，两江船只便多在石龙停泊，人货在此交相转运。在以木帆船为主要运输手段的时代，石龙便成为两万多平方公

---

① 陈序经：《疍民的研究》，商务印书馆，1946，第20页。
② 参见《东莞市虎门镇志》编纂委员会编《东莞市虎门镇志》，广东人民出版社，2010，第37、39~40页。
③ 参见中共东莞市石龙镇委员会、东莞市石龙镇人民政府编《东莞市石龙镇志（第一卷）》，岭南美术出版社，2004，第39、40、26页。

里的东江流域商品主要集散地"①。在石龙一带，从事运输、横水渡的疍家有相对集中的活动区域。

　　不仅流动有条件，而且除了江海及生活工具的客观制约，长久历史沉淀下来的生活习俗、文化观念也形成了疍民共同生活的江海社会。泛海浮家的疍家人其实也以地域观念及"亲友"为连接的纽带。有一部分疍家人有认定的"故里"，比如香港的疍家因青山那边过海的客人多，便迁移到青山一带谋生计。因迁移时间较短，他们的亲戚朋友在香港的，若有婚姻丧祭，他们每每回香港小住几天，然后再回青山。② 又如疍家不以姓氏来联成群体组织，而以地域观念来维系，碇泊汇聚在一起成为群体。在珠江下游，宽阔的水域，一小群一小群疍艇浮动在水面上打鱼，一般以平常汇聚停泊的地点邻艇为伴，曰东莞艇家，曰顺德艇家，曰番禺艇家。远在700多年前（宋、元时期），自顺德县泛着小艇辗转流离，远迁至海南岛三亚港海边聚居的水上居民，到今天仍称自己为顺德人。在虎门穿鼻洋畔，有些水上居民自东莞市东江江畔桥头镇于20世纪50年代前来这里聚居，他们把这新的聚居点命名为"新桥"，以示不忘旧地。每逢两三年必派人前往旧时住地"桥头"，探望过去相熟的朋友。这些事实足证其以地域观念来维系群体。③ 这也从一个侧面反映了疍家流动是有一定方向性的。同时，也透露其族群联结的纽带并非专注于姓氏，而是以地域观念来维系着。在某种程度上，他们有自身内部世界的认同方式，不一定

---

①　中共东莞市石龙镇委员会、东莞市石龙镇人民政府编《东莞市石龙镇志（第一卷）》，岭南美术出版社，2004，第27页。

②　参见陈序经《疍民的研究》，商务印书馆，1946，第55页。

③　参见张寿祺《蛋家人》，香港中华书局，1991，第129页。

借助陆上人的价值观念与行为方式。

（二）流动的因素

导致疍家流动的因素除天灾动乱之外，大体还有水体污染、沙田开发、生计条件等社会经济因素。如 1957 年，由于工业发展，珠江水系许多地区水质受到污染，渔业资源逐渐短缺，形势迫使他们到珠江口或到珠江口以外近海捕鱼。增城、东莞、顺德以及广州近郊南岗一部分疍家遂分别迁到番禺县莲花山下"草坦"边缘、东莞虎门以外穿鼻洋畔和伶仃洋畔建起新的渔港。① 在明清时期，东莞就已经成为围海造田最多的地区之一。沙田历史上有几次大的围垦联围，② 这一系列的围垦造田，吸引了来自东莞境内及周边地区的疍家，他们或耕沙，或种莞草，或捕鱼。又有部分疍家迫于生计，而随着他人的意愿迁移的，如因萍踪无定，部分疍家人来往各处，"以疍艇接运或租给人家运载各种货物。要到什么地方，完全由他人作主"③。这种流动的生活多于 20 世纪六七十年代结束，政府出资兴建渔民安置房，允许其继续捕鱼或农耕或从事其他职业，疍家基本过上陆地定居的生活。

---

① 参见张寿祺《蛋家人》，香港中华书局，1991，第 196 页。

② 如 1958 年 2 月 22 日，沙田联围开始动工，历时 3 年。沙田镇人民大搞水利建设，开挖河涌，修建水闸，筑堤联围。改变沙田地区支离破碎的状况，使沙田由 25 个小围逐渐形成一个近 5 万亩的大围。1972 年，立沙联围开始动工。围内有沙田立沙以及当时道滘镇的洪屋涡和新庄，共 22 个村庄。1975 年 5 月 11 日，西大坦围垦工程开工，围垦面积 5300 亩，这是东莞县在新中国成立后最大的一次围垦工程。参见中共沙田镇委员会、沙田镇人民政府编《东莞市沙田镇志》，2003，第 1~8 页。

③ 陈序经：《疍民的研究》，商务印书馆，1946，第 56 页。

二　东莞疍家的空间分布及其特点

由历史上各个时期所见疍家的记载及珠江三角洲地区河网和沙田的开发过程，可以看到东莞疍家在空间分布上大致呈现出以下特点。

（一）沿着东莞江海水体环境资源分布

晋、唐时期，东莞地区大部分还处于汪洋之中，该地的疍家或为远古渔猎原有居民的后裔，或从其他地方迁移过来，呈稀疏零散分布的状态。宋代是广东疍民大为发展和活跃的时期，珠江三角洲为岭南疍民最为集中的地方。当时，西起广西，经广东乃至福建、浙江的江海水域都有疍民的身影，其中以广东分布最为广泛。这种空间分布与明清时乃至近代疍民分布状况基本一致，奠定了南方沿海地区疍民的分布格局。① 这个时期东莞境内三角洲未完全浮出水面，远未成型。据林初夏考证，石龙原是东江冲积三角洲，魏晋南北朝时期石龙沙洲与园洲、石碣一带首先露出水面。稍后，水南沙洲也随之浮起，石龙始有人定居。② 再来看滨海地区的情形，从秦到南汉，在东莞太平至长安堆积有一条大沙堤，远没有大片成陆。宋、元时期珠江三角洲平原已推移至麻涌以下地区，但在东江三角洲的南部，即在麻涌以南、莞城以西的地带，则仍是"汪洋弥漫，洲渚无多，莞城到涌口外，直名为海"。此处不见

① 参见詹坚固《宋代蜑民考略》，《黑龙江社会科学》2012年第5期。
② 参见中共东莞市石龙镇委员会、东莞市石龙镇人民政府编《东莞市石龙镇志（第一卷）》，岭南美术出版社，2004，第12、28页。

有居民点的记载，明洪武三年（1370）设巡检司，但在东江平原就只有中堂巡司（驻麻涌）一处。当时东江三角洲的海岸线大致就在漳澎、道滘的蚝壳龙分布线上。[①] 宋代，珠江三角洲地广人稀，元代关于疍民的记载多与采珠相关，这两个时期部分疍民也过着半农半渔的生活。

从明代始，政府加大对疍民管理的力度，而此时虎门以上的狮子洋已明显收缩。清初，东江三角洲冲积平原已基本上成型。清末，狮子洋已不是一个深阔的古海湾，而变成了珠江三角洲的一条纵向大支汊，只在其南部出虎门地带仍较宽阔。最初万顷沙筑围垦殖的面积还是不大的。到1917年万顷沙已向东南发展到十一涌。[②] 清代，"迁海"事件对疍民分布的地域有一定的影响，分布的范围虽然在收缩，但其密集程度不见得就降低。

岭南疍民主要集中在珠江三角洲地区，东莞地处珠江三角洲的腹地，东江三角洲绝大部分又处于东莞境内，因而东莞在地理位置上正好处于疍民分布这一密布块状中间。"东江自北岸而下，合增江、扶胥，以达虎门，其南流亦纳东莞之水来汇。"[③] 水网交通发达，"商贾凑集，当郡与惠、潮之冲"，东莞自然成为疍民聚集的地区之一。具体到境内则是集中在东江三角洲河网区和沿海、出海口及沙田地带。东江至东莞境后在石龙分为北干流与南支流，疍民沿着东江北干流向西往中堂、麻涌分布，向东往桥头等地分

---

① 参见佛山地区革命委员会《珠江三角洲农业志》编写组主编《珠江三角洲农业志（初稿）》，1976，第63、82页。

② 参见佛山地区革命委员会《珠江三角洲农业志》编写组主编《珠江三角洲农业志（初稿）》，1976，第101~102页。

③ 雍正《东莞县志》卷二《风俗》。

布，并沿着东江南支流、东莞水道及境内寒溪河、石马河、东坑河等内河、涌道呈串珠状分布，从麻涌、沙田到虎门、长安沿着狮子洋及珠江口岸，在中国南部的滨海地区呈半弧形分布，整体上呈现以石龙为顶点，东江北干流东、西两向为两翼，中间南支流及河涌交叉等为扇面支架，沿海、沙田地带为弧形边轴的倒扇形分布结构。

（二）顺着东莞地区社会经济发展的牵引力分布

从疍民活动与地缘及经济的关系来看，疍民分布深受经济发展水平制约，与整个区域经济发展程度相适应。清道光年间至近代，珠江三角洲沙田发展又进一步加快，沿海番禺、东莞、顺德、香山、新安等县"沙坦随潮连结，栉比鳞连"。番禺南部沙田在清道光年间已开到虎门口的万顷沙，东江三角洲也是"沙坦日广"，狮子洋"濒海诸处，亦皆工筑成田，不可胜数"，沙田区也出现民居日盛的情况，疍家也"弃渔务农，耕种沙田"。①

归结起来，"疍民在清代珠江三角洲河流网络中有两次较大规模的变迁和凝聚，从而对地方经济发生重要的影响。第一次是在雍正年间，清政府为了填补康熙年间迁海事件引起沿海一带人口短缺，特许疍民上岸。而这时的珠三角，特别是广东香山、东莞等地区正处于土地的生长期，部分疍民便成为新沙田的耕作者。他们部分成为大户的佃户，有的亦耕亦渔，为当地新开发的土地和经济发展作出贡献。第二次时期是在广州成为一口通商口岸到第二次鸦片战争前后，并延续到民国时期。在这个历史时期里，疍民随着广州口岸

---

① 参见吴建新《珠江三角洲沙田史若干考察》，《农业考古》1987年第2期。

和澳门、香港埠的崛起，除了从事渔业外，更参与了以珠江为核心的水上运输事业"，"可以进一步说，蜑民是当年营造珠江三角洲繁荣的支柱之一"①。地区发展的客观需求及政府应经济社会发展而采取的政策措施，无疑也成为东莞蜑家流动、分布的一大动因。

---

① 郑德华：《蜑民与清代珠江三角洲的社会经济》，载林有能、吴志良、胡波主编《蜑民文化研究——蜑民文化学术研讨会论文集》，香港出版社，2012，第108、109页。

第三章 东莞疍家与王朝国家及地方社会的关系

地处五岭之南的广东，历来远离中原战乱，使中原文化得以较好保存，岭南本土文明得以延续。中原以儒家为主的思想文化，以广府、客家、潮汕三地为主的岭南本土文化和海洋文化等熔铸在这片土地的文化命脉里。疍家作为一个小众、弱势的群体极有可能是岭南的原有居民之一，却在漫长的历史过程中遭受不平等的待遇，基本被排除在王朝国家正统圈子之外，在各种势力的夹缝中艰难生存。该群体的历史沉浮反映出岭南社会内部发展的多重问题。

第一节 儒家正统语境下的疍家身份危机

一 正统与异端

北宋以来，疍民便以独立的文化群体而出现，各地方志及诗文集等都有不少关于这个群体的记载。疍家曾在很长一段历史时间内被归入与"正统""教化""中心"相对的"异端""蛮夷""边缘"

一端。翻开志书，经常可见疍家与"蛮""夷""瑶"等并列或联系在一起，被斥为"不知中原礼俗"。"化外之民""逋负之徒""无籍之徒""异类"便成为对这一群体文绉绉的称呼；"蛋家贼""后船仔""后船鬼""死后船""后船婆""脚甲""阿甲佬""阿甲哥""大懵仔""潮阳仔""四行仔""红脚鸡"等则是陆上人对这一群体赤裸裸的歧视性称呼；"蜑""蜒"等从字源上讲也带着侮辱性的意味。该群体长期以来备受陆上居民的歧视，其众说纷纭的来源学说及传说反衬出其族群来源的模糊性与无所适从。在文化观念方面，根深蒂固的"华夷之分"的观念渗透到王朝国家的社会制度及乡土社会当中。儒家"礼不往教"的思想，也将疍民排除在教化系统之外。如在汕尾碣石，疍民过去因为被"山顶人"（陆上的人）看作"元番种"，没有应试（科举）机会，没有受教育机会，没有机会参加政治活动。① 有别于陆上正统儒家思想的疍家文化礼俗，也是该群体备受歧视甚至导致"疍—汉"冲突的原因。在信仰习俗方面，疍民的某些思想行为被目为"异行"，比如水上人与陆上人面对溺水者时采取不同的行为。疍民有关于水鬼的迷信，由于信仰及禁忌等原因，不对溺水者加以施救，这与陆上儒家为主导的思想观念格格不入。后者认为前者是见死不救，且溺水者又多为不谙水性的陆上居民，因而也加深了陆上人对疍家人的不解与不满，由此也产生了重重误会，甚或成为陆上流氓地痞欺负水上居民的一个借口。② 更有甚者，是对疍民生活作风加以妄评，如说疍家妇女"卖淫"、品行败坏，又说疍民"其性嗜杀"，多以打劫为生，称其为"疍家贼"，如

---

① 参见广东省民族研究所编《广东疍民社会调查》，中山大学出版社，2001，第81页。

② 参见张寿祺《蛋家人》，香港中华书局，1991，第155~156页。

此等等，对此伍锐麟、陈序经、张寿祺等学者都曾为之"正名"。

以上所举，只是疍民备受歧视的历史的一个缩影。在"正统—异端"的思维模式下，疍民是一个落后的、鄙陋的、粗野的群体。且在"非我族类，其心必异""大汉族主义"的观念语境下，疍家精神文化备受挤迫。同处岭南这片土地的汉族内部民系不时表露出优越的自我身份意识，自居"正统"的他们对疍家这个群体多有排斥与歧视，也引发了"疍—汉"关系中"歧视—认同"的问题。

二 歧视与认同

历史上，疍民遭受了各种排挤、压迫和歧视。"洪武初，编户立里长，属河泊所，岁收鱼课。其姓麦、濮、何、苏、吴、顾、曾，土人不与结婚。"① "粤民视蜑户为卑贱之流，不容登岸居住。蜑户亦不敢与平民抗衡，畏威隐忍，踢蹐舟中，终身不获安居之乐，深可悯恻。"②除了不允许疍家上岸定居，不准其与陆上人通婚，还不许其参加科举考试，不准其船只泊岸，遇喜庆事不许其穿着鞋袜长衫，有病不准延医诊治，死后不准抬棺枢上岸，娶妻不得张灯结彩，诸如此类，不胜枚举。③ "建国前，疍民受到的民族歧视是很严重的。在历史上他们被当做蛮族。各县县志有关疍民的记述，都将疍民列入'猺疍'栏，有的称为'疍蛮'，有的称为'疍贼'，把疍民当作'化外之民''非我族类'，破坏了汉人与疍民的关系，形成普遍而严重的民族歧视。从称呼到衣食住行、生死婚嫁，地不分城乡

① 崇祯《东莞县志》卷八《外志》。
② 《清世宗实录》卷八十一"雍正七年五月壬申"条。
③ 参见 1934 年广东省民政厅颁布的《严禁压迫疍民恶习》通令。

河海，人不分男女老幼，都存在着这种歧视。"① 自清雍正七年
（1729）开豁疍民晓谕颁布后，疍民虽然被允许上岸，但在地方社会
仍然受到诸多歧视，甚至有些疍民上岸居住了几代后，其家庭成员
仍然无法融入地方主流社会。"解放后，由于进行了各种社会改革，
这种歧视现象基本上可以说是被改变了，但问题还是有的。"②

　　究其端由，学界对这种歧视的成因和性质持有不同的观点。广
东疍民调查组认为这完全是民族歧视，对当时的两种观点——其
一，这种歧视是职业性的；其二，由于"重土不重水"的农业社
会思想作祟——分别提出了反诘："为什么同样是渔民，同样是农
民，却仍有疍汉界线，并且疍的一方总要受汉的一方凌辱呢？"
"为什么沙田疍民已在陆上居住了一二百年，彼此同姓依然不认
宗，甚至土改后仍各自成立小组呢？"并认为"这种民族歧视是有
其历史性、普遍性和顽固性的"。③ 何家祥总结了以下主要四种说
法：其一是疍家"来历不明"说；其二是"文化差异"说；其三
是疍家"品行败坏"说；其四是疍家"自我优越"说。他进而指
出，这种歧视是传统农耕文化成为霸权的表现，是农耕文化意识
和实践的结果。从"来历不明"到"以舟为室"再到被丑化的
"蛋家贼"，既是一个时间上大致先后相连的过程，也是一个顺乎
一般语言思维逻辑的过程。在清朝盛行的训诫阶段，水上人被

---

① 广东省民族研究所编《广东疍民社会调查》，中山大学出版社，2001，第
　　15页。
② 广东省民族研究所编《广东疍民社会调查》，中山大学出版社，2001，第
　　17页。
③ 广东省民族研究所编《广东疍民社会调查》，中山大学出版社，2001，第
　　17页。

"妖魔化"的倾向是显而易见的。这一切都是无"家"惹的祸。在中国人的传统思维里，预设的"家"具有较为确定的含意。"家"确实在一个具体、深刻的层面上扮演着中国传统文化缔造者和继承者的角色：儒家最基本的伦理道德思想"孝悌"就是通过家庭得以培养、体现并由家庭向外向上扩散、推洐开去的，以致我们可以说"孝悌"是为打造坚实的"家"而特制的。"蛋家贼"等歧视性话语之所以显得真实可信或说变得合法有效，主要是因为农耕文化意识和实践的结果。中国传统农耕文化成为文化霸权的一种表现形式。① 更有学者推测疍家舟居的原因或也与歧视和逼迫有关，至于"舟居水上的原因，史籍却没有记载，现在无可稽考。不过在明清两代，蛋户因为受不了官府和陆上居民的压逼，屡起反抗。自民国以来，他们虽解放了，仍被陆上居民所贱视。可见他们的祖先，由陆居变为水居，必非自动乐意，而是'实迫处此'的"。② 疍家在政治、经济、文化上处于被压迫的、弱势的状态，其身份更多是被标签的，是他者强加的，由此也带来身份认同的焦虑。

三 焦虑与自洽

在某种程度上而言，"正统"身份对疍家是有吸引力的，他们也期盼能融入汉族族群所共享的社会。一旦有机会跻身"正统"之列，便会努力去争取。广东疍民调查组在阳江顿钵村的调查情况显示："旧社会，同宗关系是很重要的，但疍汉虽同姓，却彼此不认宗。"

---

① 参见何家祥《农耕他者的制造——重新审视广东"疍民歧视"》，《思想战线》2005 年第 5 期。

② 何格恩：《蛋族的来源质疑》，《岭南学报》第五卷第一期，1936，第 32 页。

"一个疍张一个汉张，同居在一个村落，汉张总是骂疍张为'疍家张、长尾张'，硬说疍张原来姓'章'，后来才偷偷地改了'张'。" "只有疍民将自己的先祖附会为汉人，而没有汉人肯承认疍民是他们的同宗的。疍民建祠堂、修族谱的目的，就想证明他们是'汉族苗裔'。尽管这样，同姓的汉人始终把他们看作'非我族类'。"① 在沙田里耕种的农民，有相当一大部分是由民田区的村落中流散出来的贫困农民，他们虽然逐渐在沙田区定居，但是他们中间很多仍极力保持着自己与原来的乡族的联系。这就表明，"以民田区的村落为基础的乡族联系"具有十分重要的意义。这种联系"象征着一种政治上的权利，一种文化上的优势，一种正统性的身份。因此，一些疍民出身的人，一旦在经济上发达起来，也往往要通过到这些大乡村或者'认祖归宗'，或者建立起自己的祠庙，以改变自己的身份和社会地位"。② 为了融入汉族社会，疍家也维持了许多与陆上人一样的信仰体系与礼俗，如宗教信仰、祖宗祭祀等，这些或可被称为"模仿"的行为，表露出疍家群体融入汉族族群社会文化生活圈的愿望。不过，也有疍家不愿意上岸的，除了"晕陆""短寿"的原因或生活惯性使然，其实也有疍家的主观意识在起作用。在长期的被歧视环境中，反而生发出一种自身的"优越感"，以更加倔强的姿态对峙陆上人及其所代表的文化及社会身份系统。

---

① 广东省民族研究所编《广东疍民社会调查》，中山大学出版社，2001，第17、125页。

② 参见刘志伟《在国家与社会之间：明清广东地区里甲赋役制度与乡村社会》，中国人民大学出版社，2010，第267页。

第二节　王朝国家政权对东莞疍家的管治

王朝国家对疍家实施管理的历史可追溯到唐宋时期，但真正大力度地管理还要到明代初期。明清时期，王朝国家对岭南疍民采取了编次里甲、督征渔课、收归水军等策略，疍民被列入国家正式户籍，有专门机构加以管辖。

一　编次里甲，督征渔课

唐代已对疍民单独立籍，"唐开元户四千三百，皇朝户主一百一，客五，蜑户二",① "自唐以来，计丁输课于官"②。"明代初年随着卫所军事力量的推进，闽粤滨海地区被纳入明王朝版图，并建立起州县、卫所相互依存的管理体系。濒海之民多军、民、灶、渔等籍，他们被按照一定的原则编入里甲赋役系统之中，向明政府承担各种义务，共同构成明王朝疆域管理体制的基础。"③ 明洪武初年朱元璋将广东沿海疍家编户齐民，专设河泊所对其加以管治，并征收渔课，④ 正式将其纳入王朝国家的管理系统当中。明嘉

---

① （宋）乐史：《太平寰宇记》卷一百六十九《岭南道十三》。
② 崇祯《东莞县志》卷八《外志》。
③ 杨培娜：《生计与制度——明清闽粤滨海社会秩序》，社会科学文献出版社，2022，第100页。
④ 据杨培娜研究，"明初河泊所属于州县行政系统中独立的管理机构，所辖渔户疍户并不入州县里甲与民混编。"参见杨培娜《生计与制度——明清闽粤滨海社会秩序》，社会科学文献出版社，2022，第113页。

靖年间设立河泊所登记管理疍户，并要求其缴纳渔课。① 明初在广东设立了众多河泊所，其中广州府多达八所，东莞名列其中。明洪武十四年（1381）东莞县城建筑新城之后，设立南海卫，分设河泊所，专管东莞境内的疍民，岁征渔课。清朝沿袭明朝政策，且管制更为严密。

二　编入军户，维护皇权

王朝国家为了维护政权的稳定，也采取将疍家编入军户的举措。疍家长期生活于江畔水涯，江湖河海无不可往，水性好，善作战，是水军的不二人选。籍户为水军，对降服寇盗、平定叛乱有较大的好处，也能防止疍家与盗寇为伍或与其他势力联合而与官府作对。"疍户被编为军队的做法始自宋代编疍民入水军，而将疍作为军事单位是明代首创。"② 据天顺《东莞县志》载："大奚山在县南大海中，有三十六屿，居民不事农桑，不隶征徭，以鱼盐为生。宋绍兴间，朝廷招降朱祐等，选其少壮为水军。"③ 明初，朱元璋为加强中央集权，在广东一带大规模地招募疍家为王朝水军，对流动性极强的疍家实施统治，以绝后患。据载，"（洪武）十四年（1381）春三月，籍广州水军。时蛋户万人，附海岛无定居，或为寇盗故，籍以为

---

① 参见嘉靖《广东通志》卷六十八《外志五》。
② 王潞：《海岛上的疍民：以广东海岛为例》，载林有能、吴志良、胡波主编《疍民文化研究——疍民文化学术研讨会论文集》，香港出版社，2012，第248页。
③ 天顺《东莞县志》卷一《山川》。

军"①。次年，南雄侯赵庸领兵平定苏友兴叛乱后，招募广州南部沿海蛋（渔）民为水军，东莞虎门沿海村庄从军者甚众。② 明洪武二十四年（1391），都指挥同知花茂请徙东莞等处蛋户为兵，诏从之。③ 明天顺年间，东莞境内盗贼四起，县令吴中"即编蛋户为甲，各渔其海。遇贼舟，则尾至其地，贼以其渔，不忌也，既得其实，即遣人捕之。不阅月，贼亦屏息"。④ 清道光二十年（1840），第一次鸦片战争爆发，林则徐招募虎门沿海壮丁 5000 人为水勇以抗击英军。东莞渔民（蛋民）配合林则徐、关天培率领的清军奋起抵抗，屡次挫败敌军的侵犯。

第三节　东莞蛋家与王朝国家互动的维度

中国传统政治的格局从来就不是民间对官府的两分格局，中国的大传统与小传统也从来就不是以与国家权威正面反抗为主流。⑤ 明清时期，由于王朝国家对蛋家的管治、蛋家的现实生存境遇有所变化以及族群歧视的社会意识观念，东莞蛋家与王朝国家的互动也呈现出多维而又有弹性的一面。

---

① 广东省地方史志办公室编《广东历代方志集成·广州府部》（二二），岭南美术出版社，2007，第 729 页。

② 参见《东莞市虎门镇志》编纂委员会编《东莞市虎门镇志》，广东人民出版社，2010，第 10 页。

③ （清）张廷玉等撰《明史》卷一百三十四《列传》第二十二。

④ 郭棐：《粤大记》卷十二《宦迹类·吴中》。

⑤ 季卫东：《评论：批判者的千虑与一失》，载张静主编《国家与社会》，浙江人民出版社，1998，第 39 页。

一 周旋：与王朝国家的妥协认受

（一）角色游移

"从明代到二十世纪初期，珠江三角洲可说是一个不断重新整合的社会生态系统。……'珠江三角洲地区沙田的佃户雇工，一般都被视为蜑民……在官府的印象中，蜑民与贼匪难以区分。有时政府为了加强海防，甚至会让地方上蜑民的领袖承担军事上的责任，这些领袖募众越广，职衔就越高。另一些时候，当他们对陆上的社群进行抢掠，以及与政府军队发生战斗时，就变成恶名昭著的盗匪。'"① 社会的动荡不安，为蜑民改变身份和社会地位提供了某种动力和机会。"许多原来不在政府控制下的人群，是在明初编制里甲户籍以及籍蜑户为军的政策下，由'化外之民'转变成为明王朝的'编户齐民'，归化到明王朝的统治体系之中，构成明王朝统治的社会基础。"② 沿海蜑民多参与捍卫王朝国家利益，发挥御外保家的作用；内河蜑民也常响应官府征调，交纳赋税。明代中期以后，一些蜑户逃脱户籍成为盗寇和蛮夷，另一些则成为陆上民户。"至明清鼎革、政局变幻无常，与'正统性'相联系的'民''盗'界限更加复杂的情形下……这些谙习水道、惯习风浪的濒海之徒往往都被以特殊的方式组织起来，成为可资利用的重要武力之一。在这动荡的局势当中，为'兵'为'贼'，都可能成为边海之民另外的生计方式。""对于

---

① 萧凤霞、刘志伟：《宗族、市场、盗寇与蜑民——明以后珠江三角洲的族群与社会》，《中国社会经济史研究》2004 年第 3 期，第 7~8 页。

② 刘志伟：《在国家与社会之间：明清广东地区里甲赋役制度与乡村社会》，中国人民大学出版社，2010，第 245 页。

渔民而言，在非渔汛之时，佐官兵哨守，有工食可领，不失为歇渔之时的生计。同时，编入兵伍之中，则器械装备就变得合法，如此，其正常的生产也可得到保证。"①

然而，为民、为兵、为盗、为贼的身份切换过程中，都与疍家原有的社会身份及地位没有本质上的区别。即使是转为陆上民户也并非就获得正统圈子的入场券，更根本的问题在于如何面对正统圈子及社会心理对"疍"这一身份的"不良"印记。

（二）附籍科考

疍户入籍，既是王朝国家的政治意志，部分也可说是疍家的"自主选择"。随着疍家在经济社会制度中的角色与作用的变化，一些有见识的疍家人也开始关注文化薰养、著籍转化与身份进阶。隋唐以来的科举制度无疑为传统社会人群分层流动创造了一个条件，也是后来疍家改变身份、进入王朝国家系统可以借用的一个途径。参加科举，考取功名，跻身王朝中心地带，首先面临的门槛便是解除或掩埋疍家的身份，因而也催生了脱籍、改籍的诸多行径。如嘉靖《广东通志》所记："疍户者，以舟楫为宅，捕鱼为业，或编篷濒水而居。……广中近年亦渐知书，或登陆附籍，与良民同编，亦有取科第者矣。"② 据康熙《番禺县志》卷二十所载，疍民有登陆附籍者。光绪《四会县志》卷一也记载疍民往往有致富饶而贿同姓土著，冒充民籍者。东莞水南人袁崇焕便是通过科举改

①　杨培娜：《生计与制度——明清闽粤滨海社会秩序》，社会科学文献出版社，2022，第200、199页。

②　嘉靖《广东通志》卷六十八《外志五》。

变社会身份和地位的典型例子,① 也是蛋家与王朝国家和地方宗族互动的写照。

据研究,袁崇焕祖上为蛋家,其蛋民的身份无疑是阻碍其参加科考进入正统社会的第一道障碍,"著籍"便成为其改变身份地位,开启士大夫阶层大门的第一把钥匙。"袁氏的家庭数代在西江贩木为生,他的乡下其实是东江的水边,也不为当地已经定居下来(的)袁姓宗族所接纳。为了参加科举,他到他的家庭经营木材贩运的广西藤县冒籍考试。袁后来在大量流动人口聚集的东江边建了与蛋民祀蛇崇拜有关的三界庙。以上的事实显示出他原来的身份,很有可能是蛋民,不过当他取得进士并由知县升为兵部尚书后,他出生(身)低微的家庭背景就被遗忘了。这一个案显示出身寒微的人取得功名后,其族群身份和社会地位就有可能改变。"② 黄国信在此基础上,援引其他材料做进一步的分析与推测:"袁崇焕先人为游走于广东与广西之间的水上人家,广东广西均有其遗迹,到袁崇焕参加科举考试时,他开始曾设法在广西平南县应试,却因为著籍问题没有处理好,而被人告讦,后来只好重新在广西藤县落籍,也就是登记户籍,从而在明进士题名碑中被登记为广西藤县籍。也许这不是冒籍,而只是作为蛋民的他首次著籍。但是从个人的认同上来看,他并不认为自己是广西藤县人,更不可能是广西平南人,而只能是广

---

① 杨宝霖先生在《袁崇焕籍贯考实》一文中对袁崇焕为东莞水南人做了深入翔实的考证,参见杨宝霖《自力斋文史农史论文选集》,广东高等教育出版社,1993,第 122~147 页。

② 萧凤霞、刘志伟:《宗族、市场、盗寇与蛋民——明以后珠江三角洲的族群与社会》,《中国社会经济史研究》2004 年第 3 期,第 4 页。

东东莞水南乡人。"① 这是蛋家通过改籍或著籍他处抹平其蛋家身份，从而跻身王朝国家系统，成为正统社会所接纳的一分子的一个显著的例子。

相似的情形在东莞其他地方也同样上演着，只不过没有如袁崇焕这般轰轰烈烈的功绩。据记载，东莞道滘人的祖先是渔民出身，户籍在元朝时为"贴户"。在清雍正以前为"末甲"。这些都是封建社会给予贱户户籍的称号，道滘的老前辈认为这是耻辱，时思改变户籍。一是鼓励人们考取功名，改户籍；二是贿赂官吏，涂改户籍。叶雄邦，字朝元，力大无比，武艺精通，癸卯科乡试中试，为第十二名武举人，终于在清乾隆四十八年（1783）设法把户籍改了。有些姓也称自己是第四世、第五世来的，用钱把户籍改了。② 原来蛋家没有机会受教育，识字者很少，祖宗之过三代者，多已忘记。已故的祖父甚至父母的情形，也有未知或忘记的。所以假托名门，虚报望族者，比比皆是。③"珠江三角洲地区这几百年的发展包含着'水上人'不断上岸的历史，今天看到的大族过去很可能生活在水上。"④ 对此，王朝国家并非放任由之。如清乾隆三十六年（1771），清政府为规范豁贱为良之人的应试报捐活动，颁布条例规定蛋户等必须"以报官改业之人为始，下逮四世，本族亲支，皆系清白自守者，方准应试报捐"，但"若系本身脱籍，或仅一二世，及亲伯叔姑姊尚

---

① 黄国信：《水上人家？——袁崇焕籍贯问题蠡测》，载东莞市政协编《东莞历史文化论集》，广东人民出版社，2008，第199~200页。

② 参见东莞市道滘镇编志组编《东莞市道滘镇志》，方志出版社，1991，第61页。

③ 参见陈序经《蛋民的研究》，商务印书馆，1946，第30页。

④ 贺喜、科大卫主编《浮生：水上人的历史人类学研究》，中西书局，2021，第386页。

习猥业者，一概不许滥厕士类，侥幸出身"。① 可见，蜑户虽获应试报捐的权利，但附加条件异常苛刻，即使"脱籍"仍然很难逃脱"贱民"的魔咒。

通过科举取士进入士大夫阶层、假托名门等行为反映了蜑家群体运用为当时正统社会所认可的话语系统及符号象征，力图破除族群歧视壁垒，由社会的边缘地带跻身中心区域的思想动机和社会原因。一方面，社会的变迁为蜑家带来职业转变及身份转换的机会；另一方面，蜑家内部也渴求汉族群体的认同，向正统社会靠拢，向既定礼法贴近，争取符合国家话语意义的社会身份。蜑家对祖先源流的历史叙事中的假托，在族谱的编修、祠堂（或为"合族祠"）的建设中，无不折射出这一群体想成为汉族后裔的深层心理需求及为调适自身与社会结构之间的良好关系的努力。由此带来的启示是：蜑家这一弱势群体为逃避迫害和歧视，通过隐瞒、模仿和附和，主动接受一种强势的、占主导地位的、居正统位置的历史或文化价值观，这并不仅仅是其生存策略或权宜之计，更是对其族群本身认同的危机与疏离，渐至导致该族群边际的模糊，致使该族群独特的风俗、文化的消失甚至整个群体的消亡，尽管其间或许交织着怨怼与无奈。

二 博弈：与王朝国家的对抗斗争

蜑家内心对融入陆上社会，对得到王朝国家及社会的认同有着期盼，而陆上官吏豪绅对蜑家的压迫则加剧了蜑汉之间的矛盾。蜑家也有奋起反抗，走向与王朝国家及地方政权对立的一面。

---

① 詹坚固：《论雍正帝开豁广东蜑户贱籍》，《学术研究》2009 年第 11 期。

（一）逋逃渔课

逋逃渔课是蛋家反抗的方式之一。虽然王朝国家通过设置河泊所试图对蛋民进行管治，但仍有很多蛋户逋逃在外，未能达到理想的效果。有明一代，福建设河泊所28处，广东设46处，时间集中在明洪武十四年（1381）至十六年（1383），但是河泊所系统的维持面临诸多困难，早在永乐时期就已经出现逋逃渔课的情况，催生了部分河泊所的无征课额。[①] 到明嘉靖年间（1522~1566），河泊所逐渐被裁革。直到清光绪年间，全国其他地方的河泊所已经不存，只有广州还存在河泊所官两员。[②] 蛋家这种不合作的行为，致使河泊所形同虚设，直至渐渐消亡。

（二）落为盗寇

"海阔蛋家强"，如果蛋家以暴力的方式来与王朝势力抗争，必为当权者的心腹之患。明末清初屈大均便曾对比"有巢穴者"之盗与"无巢穴者"之盗的不同，从而细数蛋家从盗者的要害及对治的方法：

> 广中之盗，患在散而不在聚；患在无巢穴者，而不在有巢穴者。有巢穴者之盗少，而无巢穴者之盗多，则蛋家其一类也。蛋家本鲸鲵之族，其性嗜杀。彼其大艟小艑出没波涛，江海之

---

① 参见杨培娜《生计与制度——明清闽粤滨海社会秩序》，社会科学文献出版社，2022，第113~114页。

② 参见许桂灵、许桂香《岭南蛋民分布历史变迁及其空间格局初探》，载林有能、吴志良、胡波主编《蛋民文化研究——蛋民文化学术研讨会论文集》，香港出版社，2012，第57页。

水道多歧，而罟朋之分合不测，又与水陆诸凶渠，相为连结。我哨船少则不能蹑其踪迹，水军少亦无以当其锋锐。计必兵恒有余于盗，毋使盗恒有余于兵。又设为严法，如盗杀一人，则以一兵抵；杀一兵，则以一官偿；劫一民舸，则夺一哨船之食。而责之立功，昼夜巡行，惟盗是索。①

然今广州河泊所，额设疍户。……每岁计户稽船，征其鱼课，亦皆以民视之矣。诸疍亦渐知书，有居陆成村者，广城西、周墩、林墩是也。然良家不与通姻，以其性凶善盗，多为水乡祸患。……粤故多盗，而海洋聚劫，多起疍家。其船杂出江上，多寡无定。或十余艇为一粽，或一二罛至十余罛为一朋。每朋则有数乡舸随之腌鱼，势便辄行攻劫，为商旅害。秋成时，或即抢割田禾，农人有获稻者，各以钱米与之，乃得出沙。其为暴若此，议者谓诚以十船为一甲，立一甲长。三甲为一保，立一保长。无论地僻船稀，零星独钓，有无罟朋及大小舸船，皆使编成甲保，互结报名，自相觉察，按以一犯九坐之条，则奸舸难匿，而盗薮可清。然清舸船及澳艇，尤为先务。②

并且阐述了将疍民编入军队的种种利好：

而疍人则编以甲册，假以水利，每十艇为一队，十队为一长，画川使守。略仿洪武初以疍人为水军之制。择其二三智勇者，为之大长，授以一官，俾得以军律治其族。与哨船诸总，

---

① （清）屈大均：《广东新语》（上），中华书局，1985，第250页。
② （清）屈大均：《广东新语》（下），中华书局，1985，第486页。

相为羽翼。又使诸县富民，仍得朋造乌槽、横江二船，专业渔盐。有警则船人皆兵，分班守直。凡出外海制贼用乌槽，里海制贼用横江船。又使东西二江日艒、夜艒诸艒长，皆为哨长，而勿征其饷。如此，则上无养兵之劳，而水师自足，一有事，旦暮可集矣。①

大抵蜑家居无定所，于广阔江海中纵横驰骋，"神出鬼没"，常令"剿蜑者""望洋兴叹"。明太祖洪武二十七年（1394）五月，都指挥同知花茂上言："广东南边大海，奸宄出没，东莞、笋冈诸县通逃蜑户，附居海岛。遇官军则诡称捕鱼，遇番贼则同为寇盗。飘忽不常，难于讯诘。不若籍以为兵，庶便约束。"② 这是官员花茂因蜑户逃散到海岛，遇到官兵查问即称捕鱼，一有机会即与番贼共同作恶，在海上掠夺抢劫，所以他上书请求将东莞、香山等县逃亡的蜑户招募为水军。"正统十三年（1448）南海人黄萧养聚众起义。虎门沿海蜑户群起响应，四月十八日，在沙角尾浅海伏击赴广州救援的官军，杀死都指挥使王清。镇守广东的总兵官、安乡伯张安率水师攻打起义军，反被起义军一路追击，至沙角后溃散，张安溺亡。""万历十年（1582）虎门蜑（渔）民梁本豪聚众反明，后遭总督陈瑞、总兵官黄应甲合谋镇压。"③ 更有蜑民从事走私贸易者，或为敌船补给者。如"嘉庆十年（1805），张保、郭婆带率众聚集虎门沿海，收取外商船货税。后随势力扩大，活动范围扩大到虎门海口之

---

① （清）屈大均：《广东新语》（上），中华书局，1985，第250页。

② （清）张廷玉等撰《明史》卷一百三十四《列传》第二十二。

③ 《东莞市虎门镇志》编纂委员会编《东莞市虎门镇志》，广东人民出版社，2010，第11~12页。

龙穴、三门口、竹州山等地，沿海疍户多予接济。后被官军镇压"①。为盗寇，是东莞疍家与王朝国家的正面冲突，是前者对王权的激烈抗争。

（三）争夺王位

明朝东莞蕉利乡疍民莫登庸在安南国篡位，是东莞疍家对抗王权的另一个例子。"莫登庸，先世系邑疍民。父流寓安南国海阳道宜阳县古齐社，社长名之曰'萍盖戏'，谓其为无定之人也。萍生登庸，父子以渔为业。登庸有勇力，时黎䄎在位，以为都力士，信任之"。莫登庸于明世宗嘉靖六年（1527）三月乙卯在安南国篡位，改元明德。明嘉靖九年（1530）春正月丁酉，莫登庸传位于莫方瀛，自称太上皇。明嘉靖十九年（1540）春正月庚午，莫方瀛死，莫登庸立其孙莫福海，改元光华。莫氏王朝，共历七世66年。相传莫登庸最终为其义子阮敬所鸩杀。②

以上所述均反映了明清时期东莞地区一部分疍家的谋生方式及其与王朝国家之间的对抗与斗争。对此，王朝政权时有镇压疍家起义或抓捕盗寇的行动。如广东东莞、笋冈诸县的疍家曾遭受血腥的镇压，莫氏政权最终也不得不归降于朝廷。疍家与王朝国家及地方

① 《东莞市海洋与渔业志》编纂委员会编《东莞市海洋与渔业志》，广东人民出版社，2014，第13页。

② 参见民国《东莞县志》卷六十四《莫登庸传》。另外可参见杨宝霖《原籍广东莫登庸所建安南莫氏王朝本末》（《自力斋文史农史论文选集》，广东高等教育出版社，1993，第148~163页）、《东莞市中堂镇志》（《东莞市中堂镇志》编纂委员会编，广东人民出版社，2012，第777~778页）中的相关论说和记载。

政权之间这种激烈的对抗方式，或许可视为疍家对长期备受压迫及歧视的集中爆发。与攀附显贵宗族或经由脱籍融入正统社会截然不同，这些揭竿而起的疍家宁愿保留自由的身份，逃逸于王朝控制系统之外，时或与王朝合作，时或与之对抗，他们不被王朝所认可，"贼""逆""篡"等是除了"疍"等诸多称呼之外，"正统"阶层给予他们的裁定。

第四节　东莞疍家与地方社会共生的调适

一　清初"迁海"与东莞疍家

清顺治十八年（1661）至清康熙二十三年（1684），为了防御明郑政权与沿海民众联合起来进行抗清斗争，清政府在东南沿海地区实行大规模的迁移濒海居民的政策。广东地区被迁人数以百万计，田地抛荒531万亩，疍民生计首先受到冲击。东莞虎门地区于清康熙元年（1662）二月及清康熙二年（1663）八月再立边界两次迁海，直至清康熙八年（1669）正月才复界，许民归业，历时八年，但正式废除迁海令，则要等到清康熙二十三年（1684）。① "迁海"给疍家的生存带来了深重的影响。据《觚賸·粤觚上》卷七"徙民"条所载：

> 甲寅春月，续迁番禺、顺德、新会、东莞、香山五县沿海之民，先画一界以绳直之，其间多有一宅而半弃者，有一室而

---

① "虎门迁海"，参见民国《东莞县志》卷三十二所载。

中断者，浚以深沟，别为内外。稍有跬步，死即随之。迁者委居捐产，流离失所。①

雍正《东莞县志》卷三《坊都》也记述了迁海后东莞蛋民的情状：

蛋民之梗者，半入寇中，驯者亦徙居陆地。

"迁海"及屠戮给东莞沿海居民，特别是蛋民带来不少灾难。加之清廷对拒绝迁海者的屠戮及安置不周，致使虎门沿海居民死伤众多。"康熙元年（1662）二月，平南王尚可喜及副督统科尔坤、侍郎介山等到东莞考察迁移沿海居民事宜，下令沿海居民向内陆迁移五十里，大小船只一律禁止出海。副将曹志领兵驱赶虎门沿海居民向内迁移，被迫迁民众露宿野外，死者众多。官府每日派人掩埋死者，仍尸横遍野。"② "迁海"对东莞地区经济社会带来的影响波及种草业、捕鱼业、养蚝业、煮盐业、沙田开发等。捕鱼素为蛋家主业，迁海后该群体便失去了营生的基础，因而常作为临时工或佃户在沙田耕作。清顺治、康熙时期，开发沙田是东莞增加耕地面积的主要来源，此时的沙田大部分是族田，由于战乱和迁海的影响，大片沙田荒弃。且在迁海初期，清政府加重了课赋，给界内人民造成

---

① 转引自吴永章、夏远鸣《蛋民历史文化与资料》，广东人民出版社，2019，第101页。
② 《东莞市虎门镇志》编纂委员会编《东莞市虎门镇志》，广东人民出版社，2010，第13~14页。

沉重的负担。① 东莞沿海及沙田地区的疍家生活的地理空间有所缩小，生存的处境也受到较大的影响。同时，由于明清时期珠江三角洲沙田的开发，东莞疍家的生存空间和生活方式也发生了变化。

二　滩涂围垦与东莞疍家

东莞的海域滩涂利用向有采蚝、制盐、采珠、围垦、捕鱼及莞草种植等。据文献记载，东莞滩涂围垦始于北宋时期。"宋元祐四年（1089），东莞寮步等处滨海之田咸潮泛滥，县令李岩创修筑堤围以护之，逐步将围内沙滩改成良田。期间在咸西、寮步等处筑咸潮堤共13条，长4130丈。"② 明洪武十四年（1381），在珠江三角洲这一开发地区中，被收编的人的身份主要有两种，一是疍人，二是无籍之人，这两种身份其实常常就是同一类人。明朝政府将他们收集编为军兵的同时，组织他们在这一带屯田。③有明一代，为扩大耕地面积，开始大规模围垦滩涂，与江海争田。当时东莞县海域西部有沙洲浮露，已有一些围垦。不仅围垦"已成之沙"，就是"新成之沙"也作拍围、垦种。工筑沙田劳动力，都是珠江三角洲边缘山区的徭民、浮荡江海的疍民和因在商业中破产被逐出生意之外的流民。尤其是疍民，其数量最多，又善于水上劳役，最适于雇用来开发沙

---

① 参见李炳球《清初虎门的迁海》，载杨宝霖、钟百凌、李炳球编辑《东莞文史》（第二十七辑），政协东莞市文史资料委员会、东莞市虎门镇政府，1997，第27~39页。

② 《东莞市海洋与渔业志》编纂委员会编《东莞市海洋与渔业志》，广东人民出版社，2014，第495页。

③ 参见刘志伟《地域空间中的国家秩序——珠江三角洲"沙田-民田"格局的形成》，《清史研究》1999年第2期，第15页。

田。据记载，明洪武三年（1370），明军在东莞县麻涌、东向、小享一带屯田军垦，围海造田。① 清道光、咸丰以后，清政府在虎门威远岛（旧称阿娘鞋岛）上的九门寨村屯田养军，投石修基、筑围招垦。鸦片战争后，清政府屯田养兵，沿威远炮台滩涂围垦，招佃成村。② 东莞疍民从军及从佃者不少。清朝至民国时期，在东江三角洲，东莞县明伦堂在漳澎沙、牛侧沙占垦；厚街王姓地主集团在西大坦占垦；麻涌新基的莫姓地主集团则在揽沙一带占垦。另据民国《东莞县志》中的《沙田志》所载："莞邑向无公产，自有沙田围垦后，将其归入学宫所有，此为公产始。"明伦堂拥有的沙田，除本县陆域附近的围田外，在番禺南面的万顷沙的沙田最为集中，规模最大。③

---

① 参见《东莞市海洋与渔业志》编纂委员会编《东莞市海洋与渔业志》，广东人民出版社，2014，第495、13页。

② 《东莞市虎门镇志》编纂委员会编《东莞市虎门镇志》，广东人民出版社，2010，第106～109页。

③ 东莞明伦堂各时期报承沙坦税的面积如下："乾隆五十七年（1792），报承沙坦税六顷五十五亩八分九厘二毫七丝。嘉庆十八年（1813）起至道光三年（1823）止，报承沙坦税一百五十二顷二十四亩八分七厘六毫五丝。道光二十三年（1843），共报承沙坦税面积一百七十二顷八十七亩六分六厘二毫八丝。道光二十九年（1849）占有万顷沙九千五百亩沙坦。同治五年（1866），将沙田丈量造册，按亩开科。东莞县明伦堂占有沙田之多，更是首屈一指。同治七年（1868），总共升科沙田税一千三百七十三顷三十五亩七分九厘一丝。光绪十九年（1893）增至42200亩。宣统三年（1911）续增至67000亩。1939年，东莞明伦堂经理局整理委员会批出万顷沙全安围沙田六顷六十五亩六分给敬业堂耕种，每亩纳租国币十三元七角；余庆堂在万顷洋沙尾南侧水白坦20余顷；梁荫堂在万顷洋沙第二涌下涌仁隆围东侧水白坦5顷余；梁荫堂在万顷沙围田东安第二十一围等共122顷96亩1分8厘（1936年已批出）。东莞县明伦堂占有的沙田，1943年激增至76000亩。1945年8月24日至1946年3月31日，明伦堂收取围田租184778607元；草坦租27514元，坍头租137250元；码头租42500元，自耕围24413元。1945年1～8月，明伦堂总收入310963431元，其中围田租189613644元，佃纳护沙费36637663元，佃纳沙田税26226219元等项。

一方面，东莞蛋家在珠江三角洲开发及地方经济社会的发展过程中发挥了重要的作用；另一方面，滩涂围垦对东莞蛋家的生存空间和生计方式产生了较为深远的影响。蛋家人半耕半渔的生活生产方式是伴随珠江三角洲沙田的大力开发而真正形成的。

　　清雍正七年（1729）朝廷正式颁布开豁广东蛋户的谕令，当时有一部分蛋家上陆定居转化为农民。虽然清朝开豁了广东蛋户贱籍，但在民间蛋家依然备受陆上强势宗族的欺凌和限制，只能从事较低等的职业，依旧无法脱去其"贱民"身份。"当环珠江口的滩涂被占垦为沙田时，渔业资源少了，原来从事渔业生产的人群就从事耕作，成为沙田业主的佃户，在中山、东莞、番禺、新会、顺德等县沙田区内耕作的基本上是这类人，他们对珠江三角洲的沙田有历史贡献。"[①] 但在沙田开发的过程中，蛋民却逐渐丧失了在浅海滩涂和大小岛屿上捕捞海产的生计。同时，由于海面泥沙淤积，沙田的开发反而缩小了其生存的空间，陆上的豪绅大族以一种与国家的正统性相联系的身份或资格，变相地掠夺和占有沙田开发权和所有权，致使蛋民与陆上群体之间在经济、社会地位及身份等方面的不平等

接上页③ 1946 年明伦堂拥有围田合计 17401 亩。其中历年拥有万顷沙沙田数：1926 年36000 亩，1927 年为 36975 亩，1946 年为 36975 亩。1949 年 9 月明伦堂拥有沙田执照契据 108 张，都是厅或部颁沙田执照，面积最大的一张为 3346 亩，最小的一张面积只 6 亩，合计沙田产业面积为 62635 亩。"参见《东莞市海洋与渔业志》编纂委员会编《东莞市海洋与渔业志》，广东人民出版社，2014，第495~496 页。

① 吴建新：《珠江三角洲蛋民开发沙田的历史活动》，《广东第二师范学院学报》1987 年第 1 期。另可参见胡波《生态环境挤压下的蛋民生产生活方式变迁——以珠江三角洲地区为中心》，载林有能、吴志良、龙家玘主编《蛋民文化研究（二）——第二届蛋民文化学术研讨会论文集》，香港出版社，2014，第 50~66 页。

与隔阂日渐加深。① 随着自然环境的变化及滩涂围垦的推进，蜑家的
生存状态受到了另一种"裹挟"。

三 东莞蜑家与地方势豪

由于渔户逃绝，明正统年间朝廷开始大量裁撤沿海河泊所。为
了解决渔课的问题，地方官府默许濒海豪强以强揽渔课为条件圈占
海界。以武力为后盾强行圈占海界者也不在少数，遂激发了沿海人
群对近岸海荡滩涂的争夺。"明代中期以后，在办纳渔课的名义下，
近海滩涂却时常被势豪之家划为己有，海界的圈占和争夺成为福建、
广东沿海地区一个非常普遍的问题。""势豪以认纳渔课为前提圈占
海界，成为濒海资源的实际占有者——'海主'或'港主'。……
万历中期以后，为了应对各方加派尤其是辽饷所需，广东地方官员
纷纷对鸭埠、禾虫埠等濒海水埠征税充饷。"对泥泊滩涂等海界资源
的控制权越来越被仕宦豪强所垄断，贫民往往不得不通过缴纳私税
获得捕鱼的权利，或选择依附"豪族""仕宦"，成为其佣工或家
仆。"穷渔贫蜑或上岸，或转向深海作业，但无论哪种都难脱与滨海
豪强结成某种依附或雇佣关系。"②从自然生态来看，因珠江出海口
泥沙日益淤积，三角洲面积不断扩大，形成大批沙田，严重破坏了
蜑家赖以生存的濒临江海的生态环境，影响了捕捞生计，甚至导致
其失业，迫使他们转而耕种沙田。而沙田往往又为势豪之家所夺，

---

① 参见刘志伟《地域空间中的国家秩序——珠江三角洲"沙田-民田"格局的形
成》，《清史研究》1999 年第 2 期，第 14 页。

② 杨培娜：《生计与制度——明清闽粤滨海社会秩序》，社会科学文献出版社，
2022，第 177、140~150、9 页。

疍家原有的罾门、渔埠为势豪之家侵占，致使不少疍家失业而沦为耕佃者。如清代龙廷槐《与瑚中承言粤东沙坦屯田利弊》云："贫民、疍户皆耕、佃、工筑以糊口。"[1] 清代张渠在《粤东闻见录》曾记述："蠹豪又索诈以困之。海滨贫民，此为最苦。"[2] 他还细数了广东沙田最具危害的两种行径，即"占沙"和"抢割"：

> 粤东田有数等：……一曰潮田，亦曰沙田。潮而润至，汐而膏留。每西潦东注时，流块下积，沙坦渐高。二年种草，三年种禾。子田之利常肥于其母，有肥无硗，秋粮亦薄。故凡买潮田者，视其不至崩陷而又可浮生，虽重价亦所勿恤。然其中流弊甚多：有名为承饷而影占他人熟田者，是谓占沙；有秋稼将登而彼此持械劫夺者，是谓抢割。二者最为民害，争讼无已时。[3]

明末清初屈大均也曾描述疍家生存之艰难：

> 广为水国，人多以舟楫为食。益都孙氏云：南海素封之家，水陆两登。贫者浮家江海，岁入估人身算缗。中妇卖鱼，荡桨至客舟前，倏忽以十数。……按吾广多杂食物，而水居尤易为生。顾禾虫之埠，蠄蚬之塘，皆为强有力者所夺。以渔课为名，而分画东西江以据之，贫者不得沾丐余润焉。蛋人之蚬筌虾篮，

---

[1] 转引自吴永章、夏远鸣《疍民历史文化与资料》，广东人民出版社，2019，第104页。

[2] （清）张渠、（清）陈徽言撰《粤东闻见录　南越游记》，程明、谭赤子校点，广东高等教育出版社，1990，第59页。

[3] （清）张渠、（清）陈徽言撰《粤东闻见录　南越游记》，程明、谭赤子校点，广东高等教育出版社，1990，第10页。

虽毫末皆有所主。海利虽饶，取于人不能取于天也。①

又如嘉庆《新安县志》卷二十二《知县周希曜条议十四款》所载：

> 乃豪有力者，或倚地利之便，或假宦势之雄，指一海面，捏两土名，藉此缯门，截彼鱼埠，漫图影占，罟网混侵。蛋户畏焰返棹，渔民惧祸罢缯。是以海洋之利，悉饱豪右之腹。

此外，在东莞境内水网中，也存在一些大族用漂流的木鹅圈占水面或者耕地的事件。地方势豪称木鹅为"御赐"，故意放木鹅欺压以水为生的人。木鹅的主人将其放入水中，任其漂浮，漂到哪里，哪里的土地就归木鹅主人。自 1628 年至 1644 年，东莞鳌峙塘人徐兆魁疏浚石龙九龙涌，大量东江水由西北莆溪处倒流入墟内。涌长800 余丈，阔约 4 丈，东兴（青云）、百花、西隆（天妃）三桥直达涌笃（今东莞市人民广场），鳌峙塘人沿岸象征式收租至 1949 年石龙解放，传说此乃徐尚书放木鹅所致。② 被看作"贱民"的疍家在谋生的过程中常常受到陆上人的欺侮，疍家的船顺河涌而下时，常会受到沿岸人设置的关卡敲诈保护费，费用可以鱼虾做补偿，也是随意收取的，如果不交，船桨就会被没收。在沙田，住上了简陋棚屋的"两栖疍民"还是经常受到地方恶势力的欺压和驱赶。③ "据沙田老人介绍，沙田的疍民，都是从四方流浪过来的，彼此都不认识，

---

① 屈大均：《广东新语》（下），中华书局，1985，第 395 页。
② 参见中共东莞市石龙镇委员会、东莞市石龙镇人民政府编《东莞市石龙镇志（第一卷）》，岭南美术出版社，2004，第 13 页。
③ 参见《疍家人：以舟为家的漂泊者》，载沙田镇文化广播电视服务中心编《水韵》2009 年总第 3 期，第 5~6 页。

不能形成一个族群，不能好好的团结在一起，因此被人欺负也只能默默接受。蛋民在厚街、中堂等地区流浪，每到一块地方，快在此安居时，都会有当地人来赶。老蛋民回忆道，那个时候只有孤身的一两口人，形单影只，别人来赶，只好走了，其实土地也不是那些人的，但有什么办法呢？在岸上生活不下去了，只好以海为家，过着漂泊不定的生活。"① 浮家泛宅的蛋家人在陆上几乎无立锥之地，终其一生，生活颠沛不安，其中凄惶况味只有自家知晓。这种歧视给蛋家身心造成巨大压力，而更深层次的则是主要生产资料被剥夺，从而造成其生存处境的各个方面都遭受到钳制。

"海有界，土有疆"，问题的关键在于土地等生产资料的缺失或难以获得。"土地权的争夺，需要政治庇护。在珠江三角洲的沙田，我们不能说没有水上人占有田土，但是大概没有水上人以'水上人'的身份拥有田土。在概念上，水上人就是不能占有田地的。""那些在船上或棚罟居住的人也会在陆地上活动，但他们不能在陆地上建房子。有些人可能是一段时间在棚屋住，一段时间在船上住，两边跑。在珠江三角洲地区，不是单纯因为经济上的问题，而是陆地上的人不准他们上岸建屋居住。雍正年间，虽然有废除'贱民'的法令，但实际没有成效。"②可见，不管是沿海、沙田蛋民，还是内河蛋民，皆难逃陆上地主、宗族势力、地痞流氓的欺压。此处揭示了蛋家与陆上势豪冲突的根源，亦暗含着隐在的转化。即便是无

---

① 中共沙田镇委宣传办、沙田镇文化广播电视服务中心主编《记忆沙田》，广东人民出版社，2012，第9页。另可参见沙田镇文化服务中心、沙田镇宣传教育文体旅游办公室编著《莞脉·沙田蛋民口述史》，百花文艺出版社，2023，第63页，郭树容先生的部分口述内容。

② 贺喜、科大卫主编《浮生：水上人的历史人类学研究》，中西书局，2021，第391、388页。

土地的蜑民，也或不自觉地有着对土地的渴求。因为有土，才有根，才能逐步治愈漂浮无定的虚空，才能尽量避免朝不保夕的境况发生，才能取得为国家正统话语系统所认可的身份的可能。蜑家人需通过"善巧"来获取土地这一基本而又"昂贵"的生产生活资料，才能进而慢慢实现行为的、身份的、观念的转变，扭转被歧视的境地。

第四章　东莞疍家的生计与生活

濒海社会是一个复杂而开放的系统。疍家的生计、生活及生产工具的变化历程，也是该群体不断与其所处的自然、社会环境相调适的历史过程。随着经济、社会、生态环境等的变化，东莞疍家的生存状态也呈现出更加立体的一面。

第一节　职业生计

依沿海、沙田、内河三种疍民的区分，疍家人所从事的职业也大致可分为三个大类。"沿海疍民以渔业为主要职业，分布于沿海主要渔港，如阳江的东平、闸坡和沙扒，台山的广海和沙堤，海南岛的三亚港和榆林港，中山的唐家湾，东莞的太平，陆丰的甲子和碣石，惠阳的澳头以及海丰的汕尾等渔港；珠江三角洲的疍民则以农业为主要职业，分布于中山、顺德、东莞、南海、番禺和新会等县的沙田区；内河的疍民以运输业为主要职业，以渡客及捕鱼为副业，分布于珠江、西江、北江、东江、漠阳江及韩江各商业繁华的市镇，如广州、江门、三埠、三水、肇庆、英德、曲江、石龙、石岐、阳江、潮安、揭阳、汕头和梅县等。"① 蛋家人所从事的各类职业，也并非有着严格的界域，只要条件许可，"身兼数业"也是存在的。

一 工种职业

东莞蛋家从事的"职业"归纳起来有捕鱼业、盐业、采珠业，采蚝、蚬、蟹、虾等水生生物为业，种植莞草和草织业，撑"横水渡"，充当"墟船""乡渡"渡工、水上流动商贩，从事农耕、耕沙围垦等。

（一）捕鱼业

捕鱼业向为蛋家所操职业，甚至有以"纯渔民"来界定蛋家人的，捕鱼业成为蛋家之所以为蛋家的内涵限定之一。早在宋代便有相关的文献记载，乐史《太平寰宇记》："蜑户，县所管，生在江海，居于舟船，随潮往来，捕鱼为业。"② 又如"蜑户以船为生，居无室庐，专以捕鱼自赡"③。历史上，捕鱼业是东莞蛋家最基本的"职业工种"与生计来源。至民国时期，东莞从事捕捞渔业的劳动力日渐减少。民国二十五年（1936），全县有渔业劳动力3776人。民国三十二年（1943），全县从事捕捞作业的劳动力3014人。④

---

① 广东省民族研究所编《广东蛋民社会调查》，中山大学出版社，2001，第12～13页。
② （宋）乐史：《太平寰宇记》卷一百五十七《岭南道一》。
③ （宋）王象之：《舆地纪胜》卷一百二十四《琼州·景物上》所引《图经》。
④ 《东莞市海洋与渔业志》编纂委员会编《东莞市海洋与渔业志》，广东人民出版社，2014，第150页。

（二）盐业

以海为田，耕海而生的疍家，其生计来源和生活维系与渔、盐等营生往往密不可分。"渔、盐生产是边海之民最基本的生计方式，同时也是王朝国家汲取海洋资源的重要来源，明王朝设有专门针对灶户生产和食盐征收的盐课司，以及专门管理渔户催征渔课的河泊所。"① 历史上，东莞曾是产盐重镇。宋代初期，东莞县境设有靖康、大宁、东莞三大盐场和海南、黄田、归德三大盐栅。当时莞盐销路极广，广东全省不吃莞盐的，只有高、雷、廉、琼四府。② 宋代，莞盐销售达至广西北境和江西南境。雍正《东莞县志》卷十四《外志》载："邑之南近大海，海中有大奚山，山有三十六屿，周三百余里，居民不事农桑，不隶征徭，以渔盐为生。宋绍兴间招降其人，选其少壮者为水军，老弱者旅归立寨。寨水军使臣一员，弹压官一员，无供亿，宽渔盐之禁，谓之'腌造盐'。"③《粤东闻见录》卷上《盐田》更称赞莞盐的优势："生盐产东莞等场。性刚耐久，其味倍盐，食之有力，山居之民喜食之。"④ 东莞疍家从事盐业其来有自，与此伴生的，则是贩卖私盐的行当。据伍锐麟等的研究，"沙南初有私盐艇约十只，每只载盐 20 担，多来往东莞和增城两

① 杨培娜：《生计与制度——明清闽粤滨海社会秩序》，社会科学文献出版社，2022，第 100 页。

② 参见《东莞市海洋与渔业志》编纂委员会编《东莞市海洋与渔业志》，广东人民出版社，2014，第 12 页。

③ 广东省地方史志办公室编《广东历代方志集成·广州府部》（二三），岭南美术出版社，2007，第 403 页。

④ （清）张渠、（清）陈徽言撰《粤东闻见录　南越游记》，程明、谭赤子校点，广东高等教育出版社，1990，第 11 页。

县，日落后才开行。"① 再如《东莞市虎门镇志》所记载的，"乾隆五十四年（1789）虎门等地设立巡逻船，由守卫海关关口的官兵昼夜巡逻，查缉私盐。"② 另外，东莞道滘镇的小河水道（又称大汾水）有一条分支，因历史上曾为私盐交易的场所，被称为私盐海，后来才改称思贤河，沿用至今。

（三）采珠业

明末清初屈大均曾于《广东新语》中描述海中珍珠的生长状况及采珠的方法：

> 海中有珠子树，其状如柳，蚌生于树，树生于石。蜑人尝玄身没海，凿石而得树，树上得蚌，蚌中得珠。予诗云：家家养得采珠儿，兼采珊瑚石上枝。珠母多生珠子树，海中攀折少人知。③

历来采珠者皆需熟谙水性，故采珠者多为蜑民。然而采珠过程极其危险，入水者往往溺死。通过张惟寅的《上宣慰司采珠不便状》，可知采珠者的惨状：

> 惟寅切见上司委官采捞珠蚌事，有扰民不便者，草茆书生，敢陈管见，伏惟采择。广东广州府东莞县媚珠池，前代载籍所不纪，独宋大学士陈均著宋朝编年载，宋赵太祖开宝五年

---

① 伍锐麟著，何国强编《民国广州的蜑民、人力车夫和村落——伍锐麟社会学调查报告集》，广东人民出版社，2010，第100页。

② 《东莞市虎门镇志》编纂委员会编《东莞市虎门镇志》，广东人民出版社，2010，第16页。

③ （清）屈大均：《广东新语》（下），中华书局，1985，第415页。

五月废媚川都一事，……赵太祖非不知珠之为宝，诚以蠹国害民之事，罢之不可不速也。五代之所谓都，即今日之所谓军翼也。善没水者皆采珠，何必置三千兵于此，驱人于死地，不得不以军法从事也。夫珠生于蚌，深在数十丈，水中珠之所聚，必有恶鱼水怪以护之。取之之法，引石縋人而下，欲其没水疾也。没水者采捞蚌蛤，或得与不得，其气欲绝者，即掣动其绳，舟中之人疾引而出之，稍迟则没水，七窍流血而鲜红，或值恶鱼水怪，必为所噬，无所回避。……况蚌蛤含生之物，三百余年不经采捞，今采捞仅有获，采捞数年，蚌蛤必尽。上司又以原捞珠数责办，其为民害何可胜言。且珠池去县二百余里，穷山极海，虫蛇恶物，涵淹卵育，毒气瘴雾，日久发作，人所难居。上司委采捞多染瘴疠，而百姓劳于供给，往还动经旬日，疲困道路，何以堪命。……若不审其取舍，恐流弊于无穷，敢乞备申上司早赐革罢，庶存活海滨百姓，幸甚！幸甚！①

采珠者在被强迫的情况下，不得不冒死入海，或葬身鱼腹，或七窍流血，不胜其苦。一些疍民不堪其累，或聚为盗贼，或亡入番邦。为防止疍民的盗取和逃逸，元明时期，广东珠池还专设监守，一些贪官污吏瞒上欺下，中饱私囊，致使疍民处境更加悲苦。

东莞官方采珠，始于唐代，盛于南汉，禁于宋代，复于明代，止于清代。② 唐代初期，官府开始对疍户计丁征税。唐开元年间

---

① 广东省地方史志办公室编《广东历代方志集成·广州府部》（二六），岭南美术出版社，2007，第445~446页。

② 参见香权根《东莞采珠》，载政协东莞市文史资料委员会编《东莞文史》（第二十八期），政协东莞市文史资料委员会，1998，第200~209页。

(713～741)，官府令东莞大步疍民取珠进贡。南汉大宝六年（963），刘铱在东莞境内设媚川都，驻兵8000人，进行采珠活动。宋开宝五年（972）五月，朝廷下诏废媚川都，禁止民众从事采珠业。此后，元、明政权都曾勒迫疍民采珠。如元大德三年（1299）至延祐四年（1317），官府勒迫疍户700余家在东莞大步海采珠。泰定元年（1324），莞民张惟寅上奏朝廷指陈采珠扰民。秋，罢广州采珠，编疍户为民。① 东莞为采珠重地，东莞疍家从事采珠的历史悠久由此可见。

（四）采蚝、蚬等水生生物为业

东莞滨海地段盛产蚝，疍家采蚝地点大概在江口、沿海港口等地。随着东莞境内南城、虎门、企石、东城、石排、中堂、万江、桥头等地十几个贝丘遗址的考古发现，可知早在5000年前的新石器时代，东莞境内沿着东江一带便已有先民栖居。东莞的先民曾以蚝为食，然后将蚝壳弃置于岸边，日积月累，堆积成丘，慢慢形成了贝丘遗址。他们濒海而居，临江而聚，在莞邑大地渔猎樵采、以蚝充饥，休养生息，是最早在东莞定居的人群，该群体可能与东莞疍家的先祖有密切关联。历史上，蚝民多为疍民。在有文献记载的较早历史时期，东莞便已有疍家从事养蚝业。康熙《东莞县志·艺文九》载北宋诗人梅尧臣的《食蚝》②：

---

① 参见《东莞市海洋与渔业志》编纂委员会编《东莞市海洋与渔业志》，广东人民出版社，2014，第11～12页。

② 据朱东润先生研究，"今所存宋残本及据宋本影印的丛刊本《宛陵集》，并无《食蚝诗》，而且诗云：'薄宦游海乡'，也显然与梅氏行状不符"，吴建新等推测可能是编纂者误将宋代人逸诗归入梅尧臣名下。参见吴建新、朱光文《东莞疍民历史三题》，载林有能、吴志良、胡波主编《疍民文化研究——疍民文化学术研讨会论文集》，香港出版社，2012，第229～230页。

薄宦游海乡，雅闻靖康蚝。宿昔思一饱，钻灼苦未高。传闻巨浪中，碻碚如六鳌。六复有洳民，并海施行牢。掇石种其间，冲激恣风涛。咸卤与日滋，蓄息依江皋。中厨烈焰炭，燎以菜与蒿。委质以就烹，键闭犹遁逃。稍稍窥其户，清襧流玉膏。人言啜小鱼，所得不偿劳。况此铁石顽，解剥烦锥刀。戮（勠）力效一饱，割切才牛毛。苦轮攻取难，饱食未能饕。秋风思鲈鲙，霜日持蟹螯。修靶踏羊肋，巨脔刲牛尻。盘空箸得放，羹尽釜可燎。等是暴天物，快意亦魁豪。蚝味虽可口，所美不易遭。抛之还土人，谁能析秋毫。①

诗中记述了东莞靖康种蚝的情形，时人已懂得人工养蚝的技巧，此处的"洳民"应当是指以海为田、采海为生的疍家人。又如《元一统志》卷九《广州路·土产》所载：

东筦县八都靖康场所产，其处有蚝，因生咸水中，民户岁纳税粮采取货卖。②

元代东莞养蚝业甚为兴盛。再如屈大均在《广东新语》所记：

东莞、新安有蚝田，与龙穴洲相近。以石烧红散投之，蚝生其上，取石得蚝，仍烧红石投海中，岁凡两投两取。③

清代养蚝已懂得投石之前要"烧红石"以利蚝苗附着，同时还发展为"一岁蚝田两种蚝"，即一年之内有两次（夏苗和秋苗）投

---

① 广东省地方史志办公室辑《广东历代方志集成·广州府部》（二二），岭南美术出版社，2007，第723~724页。

② （元）孛兰肹等撰，赵万里校辑《元一统志》（下册），中华书局，1996，第669页。

③ （清）屈大均：《广东新语》（下），中华书局，1985，第576页。

石采蚝苗。明代中晚期，珠江口海湾养蚝已经南移至东莞与新安交界的合澜海，即今之虎门、灵州、大岗山和上下沙村以及宝安沙井、福永一带。至清乾隆、嘉庆年间，靖康和归德盐场相继被撤销，养蚝业获得了更大的海域空间，蚝田数量迅速增多。民国二十一年（1932），东莞靖康蚝（后为归德蚝）养殖面积蔚为大观，自东莞沙角凤凰山脚起至宝安上下涌口止，达 30000 余亩。① 随着时间的推移，养蚝的方法与工具也日渐多样化，比如水泥棒、水泥瓦、牡蛎壳、石头等各种附着器养蚝法。直到新中国成立前，新安的雨头、新桥、少井、东莞太平一带沙田都不种禾而种蚝。② 疍家也兼捕蟹、虾之类的生物，在虎门地区一些疍户专事捕蟹，并将所得运于市场出售。在东江的下游地段河床底部的沙坦中盛产蚬子，当地的疍家多捕食或出售之，采蚬也是东莞疍家的生活来源之一。

（五）种植莞草和草织业

沙田在形成的过程中需要种植水草。③ 在江河出海的口岸或江河中心，沉积着片片浮沙，这种地貌，"自然地理"称之为沙坝或沙洲，珠江三角洲的人们称它为"坦"。在这上面种莎草，东莞人称之为"咸草"或"莞草"，南海人、番禺人称之为"水草"。④ 唐至德

---

① 参见《东莞市海洋与渔业志》编纂委员会编《东莞市海洋与渔业志》，广东人民出版社，2014，第 277~280 页。

② 参见吴建新、朱光文《东莞疍民历史三题》，载林有能、吴志良、胡波主编《疍民文化研究——疍民文化学术研讨会论文集》，香港出版社，2012，第 230~231 页。

③ 有关沙田形成过程，可参见谭棣华《清代珠江三角洲的沙田》，广东人民出版社，1993，第 5~10 页。

④ 张寿祺：《蛋家人》，香港中华书局，1991，第 115 页。

二年（757），宝安县治迁到涌（今东莞市莞城街道），据称因境内盛产莞草而更名为东莞。对于疍家而言，这不单是开发沙田所需的技术活，更是能带来丰厚收入的生计，屈大均便曾说："其草大长，佃人刈草以售，每一日之功，可充十日之食。"①

地处东江下游的东莞，其境淡水干流南下经万江、道滘、厚街、虎门、长安与南海海流上涌交汇，滩涂水塱连片生长着莞草。东莞生产水草并编织草席，已见于宋代文献记载。②清初，东莞"自双冈历沙头出咸，西接新安，迤逦数十里，皆海岸。其利鱼盐蠃蛤，其产卤草，其人捕鱼之外，日采莞以为生"③。清代沙田区的疍民除了做佃农、佣工外，亦采水草为生。

东莞草织业兴起于明末清初。水草长于东江入珠江出海处的咸淡水交汇之处，东莞人就地采集，将之晒干编成睡席，打成绳索或做成其他手工艺品出售。清咸丰年间，太平墟就已发展成为东莞沿海一带的水草加工和贸易中心，有"草墟""草埠"之称。到清光绪年间更进一步发展成为珠江口重要的商品集散地，辐射东莞、宝安、番禺、顺德等地。至清宣统年间，席类（床席或地席）出口每年约15万包。清朝末年至民国初年（1910～1914）草编织品外销达到高峰，每年输出约18万包。东莞印花草席远销南洋、欧美、日本、澳大利亚和阿拉伯半岛等地。虎门是粤海关的前沿分关，海湾深阔，清初海岸线自双岗、涌口历白沙、北栅、沙头连宝安。虎门草织是东莞草织的总汇，举凡出口外贸，都通过虎门关口运抵香港

---

① （清）屈大均：《广东新语》（上），中华书局，1985，第52页。
② 《东莞市海洋与渔业志》编纂委员会编《东莞市海洋与渔业志》，广东人民出版社，2014，第498页。
③ 雍正《东莞县志》卷二《风俗》。

转销。民国时期陈济棠主粤期间，太平墟范围进一步扩大，商品流通顺畅、市场繁荣，远近有"小香港"之誉。① 在 20 世纪 30 年代以前，这种草织商品曾是东莞重要的出口商品之一。"莞草编织"早已于 2007 年被认定为广东省第二批省级非物质文化遗产项目、"莞草编织技艺"已于 2015 年被认定为广东省第五批省级非物质文化遗产项目、"莞草种植技艺"也已于 2019 年被认定为东莞市第五批市级非物质文化遗产项目，得以保护和传承。

（六）充当渡工或流动商贩

在屈大均的笔下，可以看到明清时期广东沿海市镇多有疍家做水上流动小商贩。如"茭塘之地濒海，凡朝虚夕市，贩夫贩妇，各以其所捕海鲜连筐而至。哑家之所有，则以钱易之；蛋人之所有，则以米易"，"贫者浮家江海，岁入估人舟算缗。中妇卖鱼，荡桨至客舟前，倏忽以十数"。② 又如端午时节，"士女乘舫，观竞渡于海珠，买花果于蛋家女艇中"③。疍家多趁着墟日或节庆，将各色海什、花果装载船艇中进行物物交换或售卖。其间穿梭往来者，当有东莞疍家的身影。

据载，元代从广州已有开往新会、肇庆、金利、四会、东莞、石湾、惠州等50条航线的"长河渡"，这些长河渡、横水渡，趁墟船的渡工便由当时的疍民充当。④ 东莞境内河涌交错，水路发达，历

---

① 参见《东莞市虎门镇志》编纂委员会编《东莞市虎门镇志》，广东人民出版社，2010，第 4 页。

② （清）屈大均：《广东新语》（下），中华书局，1985，第 45、395 页。

③ 同治《番禺县志》卷六《风俗》。

④ 参见张寿祺《蛋家人》，香港中华书局，1991，第 101 页。

来多是出入珠江各支流的船只的经由地。明清时期经济的繁荣，人气的兴旺，使得贸易活跃，东莞境内内河各支系遍布渡口。据民国《东莞县志》载："石龙又邑之一会也。商贾凑集，当郡与惠、潮之冲，其民侨寓多而土著寡。东江自北岸而下达虎门，其南流亦纳东莞之水，夹江上下，衣冠荟萃，其民耕植之外，惟操舟楫。"① 其间，东莞蜑家人撑"横水渡"、充当"墟船""乡渡"渡工，或从事水上运输和流动商贩等活动，时有受雇于载运人客或谷物等农产品。1978年后石碣境内有渡口八个，其中"樟村—沙洲"渡口约建于1900年，是挂影洲、增城、博罗与莞城来往的交通要津。② 江上的木船经过改造成为机动船，每天载客量达600多人次，是石碣过往客人最多的渡口。20世纪70年代，大部分人力渡船改为机动船，80年代由个人摆渡改为集体承包。石龙大桥、大王洲桥、江龙大桥、石碣大桥建成后，逐渐取代这些渡口。东莞蜑家充当渡工也渐渐成为历史。

（七）耕沙围垦

据研究，宋代三角洲水乡地广人稀，蜑民既可以在河中驾船打

---

① 民国《东莞县志》卷九《风俗》。

② 这八个渡口为：樟村渡——由石碣沙洲坽尾接附城（今东城）樟村（后改沙洲渡），柏洲边渡——由石碣接附城柏洲边，石碣渡——由石碣接附城榴花，土岗渡——由梁家村接增城土岗，鳌峙塘渡——由水南接鳌峙塘，西湖渡——由水南头（今称唐洪）接西湖，金桔洲渡——由南浦（今称西南）接金桔洲，水南渡——由水南头（今称林屋）接黄家山、燕窝、石贝。后来还增加大王洲渡——由大王洲接鹤田厦，黄泗围渡——由黄泗围接增城三江江口，单屋渡——由单屋接新洲，唐洪渡——由唐洪接京山。参见《东莞市石碣镇志》编纂委员会编《东莞市石碣镇志》，中华书局，2010，第170~171页。

鱼，又可以在河涌边结庐耕种。① 明清时期，沙田的形成多需借人力促成，珠江三角洲沿海及滨江滩涂上进行围垦造田的工作主要由疍家承担。清雍正七年（1729）五月，雍正帝专门向广东督抚发布开豁疍户的上谕：

> 蜑户本属良民，无可轻贱摈弃之处，且彼输纳鱼课与齐民一体，安得因地方积习强为区别，而使之飘荡靡宁乎！着该督抚等转饬有司通行晓谕，凡无力之蜑户听其在船自便，不必强令登岸。如有力能建造房屋及搭棚栖身者，准其在于近水村庄居住，与齐民一同编列甲户，以便稽查。势豪土棍不得借端欺凌驱逐，并令有司劝谕蜑户开垦荒地，播种力田，共为务本之人，以副朕一视同仁之至意。②

清廷通令广东各地，准许疍民移居陆地务农耕种，凡疍民没有能力在陆地定居的，允许其住在船上，势豪恶霸不得欺凌驱逐疍民。随着这一上谕的推行，"虎门沿海有不少渔民上岸定居，编入当地甲户，渔农兼业"③。张寿祺指出，水上居民务农不自清雍正年间始，早在东汉时期（公元 1 世纪前后），珠江水面已有一些疍家先民在西江冲击的沙坦上，既耕沙又兼捕捞了。④ 从东莞的一些镇志也可以看到，内河疍民既可在河中驾船打渔，也可在河涌边结庐耕种，养鸭、

---

① 参见吴建新、朱光文《东莞疍民历史三题》，载林有能、吴志良、胡波主编《疍民文化研究——疍民文化学术研讨会论文集》，香港出版社，2012，第 233 页。

② 《清世宗实录》卷八十一"雍正七年五月壬申"条。

③ 《东莞市虎门镇志》编纂委员会编《东莞市虎门镇志》，广东人民出版社，2010，第 15 页。

④ 参见张寿祺《蛋家人》，香港中华书局，1991，第 109 页。

放虾笼，过着"饭稻羹鱼"的生活。明代，由于珠江口冲积加快，不少蛋民开始过着半耕半渔的生活。或有一些在水乡沙田区里的蛋民，住艇耕沙可能就是主要的生存方式。他们过着流动性的生活，但已基本上是农业户口，捕鱼捉虾仅是副业。这与过去一般以渔为业的蛋民有所区别。1949年前沙田区有俗语云："沙仔佬，船头二十四向"。所谓二十四向，是农业的二十四个节令，意思是沙田蛋民循着农业季节变更而流动，而不是像渔业蛋民随渔场变更而流动。① 《东莞市沙田镇志》便有不少关于蛋家"耕沙"的记载：相传200多年前，厚街涌口官姓人家到杨公洲村耕作，王氏到鹤洲村筑围、开垦耕种定居；道滘、麻涌人在阁西村三盛围滩造田，请水上人家耕种，后来定居，立村三盛；厚街、虎门两地有钱人家在穗丰年村一带投资围滩造田，请水上人家耕种；清朝时期的义沙村还是海滩，为厚街桥头管辖，请附近渔民在此围滩、造田、建村；清朝中期（约200年前）厚街人在西太隆村围滩建村，雇人耕种。100年前麻涌人来四合村联合围垦造田，到埠城村沙滩围垦耕种；厚街人到桂轩洲村请水上人家耕种，后来定居。② 如此种种，不一而足。蛋家以渔为主、以农为辅或半耕半渔的历史由来已久。

　　总之，东莞沿海蛋民以渔业为主，沙田蛋民以农耕、种植莞草等为主，内河蛋民则以运输、渡工为主。由于珠江三角洲经济渐趋繁荣，河沙淤积面积增长，同时伴随可供生存的海域面积缩小，水

---

① 参见吴建新、朱光文《东莞蛋民历史三题》，载林有能、吴志良、胡波主编《蛋民文化研究——蛋民文化学术研讨会论文集》，香港出版社，2012，第234页。

② 参见中共沙田镇委员会、沙田镇人民政府编《东莞市沙田镇志》，2003，第228~230页。

体环境污染等因素，蛋民不得不寻求以多种形式就业。从客观上讲，经济的发展、社会结构的变迁也为蛋民提供了更多的择业机会，职业也日趋多样化，从较单纯的"以渔为业"转为多元化的职业结构。从事沙田耕作和运输行业的蛋民数量在不断增加。有一部分蛋家发了财以后购置田产，并上岸置业，转身成为过去同伴的雇主。另有一部分蛋民从事城市服务业。"渔、盐、商业、运输等多种生计兼容并存是人海交涉的悠长历史进程中形成的基本生计模式，农、渔、盐之间存在交换的内在需求，而不是在农业挤压后的不得已选择。"① 蛋家在这种交换过程中，开启了与其他族群互动的通道，赢得了一定的生存发展空间。

二　生产工具

因经济条件、渔业资源的变化及客观水文环境等因素限制，蛋家在内河和沿海地区、远洋地带所使用的船只、工具都相应地变化着。

（一）明清时期

在珠江水面，早于16世纪末17世纪前期（明朝晚期），一些蛋家人已使用大型木壳渔船进行近海的深水作业。17世纪前期，珠江水上居民有些已走向大规模生产的道路。但由于当时社会思想意识的束缚，更由于17世纪中期清朝进行残酷的"迁海"大屠杀，以及

---

① 杨培娜：《生计与制度——明清闽粤滨海社会秩序》，社会科学文献出版社，2022，第399页。

政治上的动乱，再加上长期的海盗劫掠，珠江流域水面和滨海地区的捕鱼作业始终保持"蛋家艇"形式。迁海对东莞疍家的生计也产生了负面的影响。直到 19 世纪后期，珠江口香港一地才出现拥有现代机械设备的渔船。但在广东，只有沿海地区的汕尾、阳江等地才有利用风力行驶的渔船。①

（二）新中国成立前后至改革开放前

新中国成立前及新中国成立后初期，由于船体小且破旧，东莞疍家只能在附近江、河、涌、滘捕鱼。传统的捕捞渔具为刺网，单船作业时，可将其放在鱼类通道或包围鱼类集群的地方。部分靠风力的较大的渔船可到珠江口内一带水域作业。当时内河捕鱼的工具绝大部分是"抛渔艇"②，这是内河作业的主要工具，配套的渔网为抛渔网（撒网），状为漏斗形，原料多为棉、麻线，后改为胶丝、尼龙线。在珠江口海区的作业采用大缯网和刺网。大缯网状如喇叭，网口上方有浮子，用铁锚、大石和木桩固定；主要刺网有鲚鱼刺网、蟹刺网、犬棱刺网、黄皮鱼刺网和三黎刺网。20 世纪六七十年代中深海作业则主要采用围网和底拖网等，捕鱼量大。围网是海洋捕鱼的主要网具之一，虎门常用的是灯光围网。底拖网也是大型拖网具之一，同样是东莞海洋渔业生产的主要网具。一批"助渔器"，如探鱼仪、短波对讲机等现代助渔设备被不断采用，改变了过去出海捕鱼单靠一些老经验指导的做法。另有一些小型的用于捕捞江河海滩中的水生物的工具，如蚬扒、乃挖、

---

① 参见张寿祺《蛋家人》，香港中华书局，1991，第 77 页。
② 这是一种用杉木制成，顶部有篷能遮太阳和挡风雨，上下能活动，用人力滑行的捕鱼工具。

鱼花箩、弹涂鱼笼、鱼罩、麒麟头、泥鱼笼、虾笼、地笼、甩笼等。

渔船是渔业的主要生产资料。从 1958 年起，不论是番禺县莲花山渔港还是东莞虎门的新湾渔港或是珠海的水上居民，都开始进行水上的机械化作业。采用机轮拖网捕捞，即一艘机轮拖着围网或两艘机轮拖着大张拖网，在珠江口以及珠江口外捕鱼。① 早在 1956 年，虎门地区逐步有了"阳江索"，到 1959 年已开始有机帆船。②

（三）改革开放以来

20 世纪 80 年代，无机械动力渔船逐步被淘汰。80 年代末 90 年代初，广州郊区新洲、黄埔以及番禺县的莲花山，已有不少水上居民于"疍艇"尾部装上发动机，安上小型螺旋桨，以机械作为推动力，传统的双桨开始废弃不用。这种装有发动机的疍家艇，番禺县莲花山一带称为"夫妻艇"，东莞虎门一带称为"连家船"。这种艇，不管是开到虎门以外伶仃洋里打鱼也好，或渡人来往于大江间也好，以机械动力代替了人力，行驶速度有所提高。③ 随着航运的快速发展，中深海捕鱼、远洋作业也渐入疍家渔民生活。渔船也发生了大变化，马达动力快速提升，实现了机械现代化。

---

① 参见张寿祺《蛋家人》，香港中华书局，1991，第 202~203 页。

② 参见《东莞市虎门镇志》编纂委员会编《东莞市虎门镇志》，广东人民出版社，2010，第 299~301 页。

③ 参见张寿祺《蛋家人》，香港中华书局，1991，第 73 页。

表 4-1　东莞疍家渔具和渔船变化

生产工具	河涌、江畔、海滩	内河	珠江口	中深海	外海
渔具	泥鱼笼、虾笼、地笼、甩笼、抄网、鳝鱼叉等	抛渔网	大缯网、刺网	围网、底拖网、中拖拖网，探鱼仪、短波对讲机等	深海快速拖网，超声波探鱼仪、定位仪、雷达、无线对讲机、卫星航仪等
渔船	疍家艇、抛渔艇等	疍家艇、抛渔艇、蚬艇、人力连家艇等	连家船、连家艇、"阳江索"、机帆船等	围网渔船、"艇尾机"、拖网渔轮等	大马力单拖渔船、双拖渔轮、深水拖渔轮等

资料来源：根据《东莞市虎门镇志》及其他相关资料整理而成。

第二节　生活日常

一　教育

新中国成立前，疍家人终年漂泊于江湖河海，生活颠沛困苦，加之陆上人的歧视，小孩没有读书受教育的机会。据沙田 G 叔回忆，陆上学校经常不给疍民读书，即使入了学，考了试，老师也不给评卷。谁都不想进入疍民这个群体。[①] 新中国成立后，党和政府十分重视渔民子弟的教育工作，在渔区兴办学校，渔区和渔民教育事业得到很大发展。原疍家的生活得到改善，其子女的教育问题也得以解决。1951 年初，渔民协会在渔船靠泊比较集中的地方，陆续办起一些渔民子弟读书班。1952 年，东莞渔民协会中堂分会在东莞糖厂对

---

① 2013 年 7 月 4 日访谈记录。

面河边搭建一间茅屋作学校，招收几十名渔民子弟就读，为东莞县第一所渔民子弟小学。1958 年道滘、大汾渔民分别利用旧祠堂兴办渔民子弟学校。1960 年，太平镇政府在太平机械厂附近建起太平渔民水上学校。1961 年，新湾渔村先后成立 3 所小学，共有学生1118 人。1964 年重新在新湾渔港兴建砖瓦结构的校舍，面积 800平方米，校名仍为太平渔民水上学校。1968 年，道滘、大汾两地的渔民迁往沙田横流定居，两校合并建起先锋小学。1978 年，太平渔民水上学校改名为新湾中心小学。20 世纪 70 年代，各渔民小学先后附设初中班，称为"戴帽子"学校。1975 年，新湾渔业公社新湾中学建成启用。同时，各渔业大队为了让渔民安心出海捕鱼，都先后办起全托式幼儿园，配备幼师和保育员。1981 年，新湾渔业公社各"戴帽子"学校取消初中班，学生全部转入新湾中学。1984 年 7 月，新湾区公所借用水产站生产资料门市部后二楼创办了全日制新湾中心幼儿园。①

一个虎门阿叔追述，他于 1967 年来到新湾，祖先是沿着"广州—中堂—道滘—虎门"一路迁来的，读书的时候没有寮、没有棚，过了几年，政府给了地方建屋集体居住。② 据《虎门镇新兴村志》记载，1963 年石龙渔业人民公社成立，划分了属下四个渔业大队渔民陆上集中点。乡民开始用一些竹木等材料搭成茅寮居住，每个村落有十几间茅寮，主要是给不能出海捕鱼的老人及在学校读书的小孩居住。1973 年，新湾第三小学（新兴小学前身）初办时，教室是用竹木及油毡纸等材料搭成的。由于常受台风、暴雨侵袭，这些材

---

① 参见《东莞市海洋与渔业志》编纂委员会编《东莞市海洋与渔业志》，广东人民出版社，2014，第 157~158 页。

② 2013 年 7 月 24 日访谈记录。

料容易损坏，直接影响学生正常学习。1974 年四个渔业大队（今新兴村）共同投资 80000 多元新建新湾第三小学。因当时土地资源缺乏，校址还是在原来的山坡上。教室采用砖瓦木、水泥钢筋混凝土结构，操场和校舍总面积约 3000 平方米。

疍家人虽曾被斥为文化低下的群体，但他们有自身的家庭教育方式，以让子辈首先获得基本的生存技能。笔者在实地走访时，听到虎门 D 叔津津有味地讲述着他父亲当年教他游水的情形："生活困难，父母没有时间教孩子游水。将孩子丢下水，小孩子出于本能就会游回来，或者骗说有老虎来吃你，你要是不游，就会被吃掉或淹死，来回几次，自然就学会了。有钱的疍家人则用青葫芦系在孩子腰上，以保安全，落水了，便于发现，及时捞上来。"[1] 一些疍家小孩脚上戴有两只银镯，银镯上系有两个铜铃，一走动便会响起铃铛声，以便正在打鱼的父母判断其所处的位置。稍小的孩子则用一条长布带系在船舱中，限制其在舱内活动，以确保安全。当小孩哭闹时，疍家妇女便将其背着作业。背带上端有盖头布，可使孩子免受风吹日晒。[2]

二　卫生

新中国成立前，疍家人生病了多祈求神灵保佑，或因无钱医治，只能听天由命。小孩染病或者精神萎靡，一般认为是受到惊吓，需要"喊惊"。若孩子夜啼不止，则用红纸写上字符放在小孩

---

[1]　2013 年 7 月 24 日访谈记录。

[2]　参见《东莞市海洋与渔业志》编纂委员会编《东莞市海洋与渔业志》，广东人民出版社，2014，第 160 页。

身上，祈求能安睡到天亮。蜑家人常年在水上走，不时也能享受到美味，比如河豚，然而不免有中毒的情况发生。虎门 D 叔讲起蜑家人解河豚毒的"妙招"，即用蜈蚣和莞草根一起剁碎，将中毒者的牙根撬开，灌进去，不多久就能见效。蜑家人经年以舟为家，漂流各地，生病了直接上岸看病的机会少，因而每家都懂得一些治病小偏方。比如生病的时候，一般先抓青草药吃，不行再去看医生。闹肚子的时候，则用盐巴和着花生油，搓热或煮热捂着肚脐眼；患重感冒的时候，则挖含羞草的根和树根头煮水吃，或用公鸡的毛煮水洗澡。①

在饮用水方面，蜑家人曾经备受咸水的困扰。东莞沙田地区流传着这样的俚语——"咸水洲过洲，淡水贵如油"，要坐船穿洲去到很远的地方才能取回喝的淡水。所幸这个问题逐步得到了解决，1985 年 1 月，沙田人民集资在横流建立第一间自来水厂，这是沙田人民有史以来第一次饮用经过过滤、消毒的自来水。②

三 生育

蜑家妇女向以勤劳能干著称，"舟人妇子，一手把舵筒，一手煮鱼，橐中儿女在背上。日垂垂如负瓜瓠，扳罾摇橹，批竹纵绳，儿女苦褴褛，索乳哭啼，恒不遑哺"③。这段话就是生动的注脚。新中国成立前及新中国成立后初期，"女人划艇，男人撒网"是虎门蜑民

---

① 2013 年 7 月 24 日访谈记录。

② 中共沙田镇委员会、沙田镇人民政府编《东莞市沙田镇志》，2003，第74 页。

③ （清）屈大均：《广东新语》（下），中华书局，1985，第 395 页。

普遍的生产方式。水上作业，男的撒网、拉网，固然是繁重的劳动；女的摇着双桨，控制渔艇的前进后退，有时改由妇女拉网，也是繁重的劳动。至于渔网的纺织和加工，以至染网、晒网都由妇女操作。打到的鱼，到市上叫卖，亦由她们负责。养儿育女，也主要由她们承担。艇中一切家务琐事，由妇女与丈夫合力为之。①

疍家妇女有多生育子女的习惯，在分娩时有为自己接生的。虎门新湾 D 叔曾和笔者讲起他那了不起的母亲。生产时她自己接生。一共生了 13 个小孩，访谈当年还有 8 个兄弟姐妹活着，最小的也已经 55 岁了。D 叔的母亲接生时很有卫生意识，既不用做菜的刀，也不用剪刀，而是将碗打碎，用锋利的断面切断脐带，防止刀具生锈而引起感染。另有关于疍民喜生女儿的记载，其贵女贱男的思想与以儒家文化为主体的汉族文化不同。但是也应分情况来看，比如汕尾后船疍民就是要生男孩的，东莞新湾一个阿叔家族里清明节竞投祭品环节，也有特意竞投茶壶、酒壶的，就为求得男丁。② 这或许是陆上儒家文化对疍民群体浸染的缘故，或许是疍民的自主意愿，或许是因实际经济生活所需而产生的观念，不可一概论之。

新中国成立后，随着党和政府大力宣传卫生知识及在陆地上建立起卫生站和医院，疍家人的思想和生活观念也逐渐发生了转变，在有生育、治病等需求时，也开始上医院和服药，求神问鬼、私自接生等习俗也渐渐消失。

---

① 参见张寿祺《蛋家人》，香港中华书局，1991，第 8 页。
② 2013 年 7 月 24 日访谈记录。

第五章 东莞疍家文化图景

疍家在长年累月的江海生活中所沉淀的独特的文化是东莞地方历史文化的重要记忆。其文化独特性体现在生活的各个方面，但也不断地吸纳其他群体的文化，在与陆上文化的不断冲突与融合中，渐渐形成一种兼具本土文化及中原汉文化、海洋文化的特质，又凝结了其自身独特的风俗、习惯、信仰、音乐等元素的多元文化融合体。

第一节 物质文化景观

东莞水上人家的住屋大致经历了舟艇，茅寮、松皮棚（屋），水泥船，砖木、砖瓦房到钢筋混凝土楼房的过程，其间也存在"水陆两栖"的情况。

一 住居

（一）舟艇

新中国成立以前及成立初期，疍家人一家老小挤住在小艇内，习惯于蹲坐或盘膝而坐。新中国成立前，沙田没有一个像样的村落，更谈不上房屋街道，乡民居住的是在堤岸上用一些竹木搭成的茅寮。"出门便是水，举步要登船"。① 虎门新兴村的水上人家"上无片瓦，下无插针之地"，长期居住在"抛渔艇"上，根本无法陆居，使用的渔船多为小艇。据 D 叔回忆，蛋家人的船使用面积一般不足 5 平方米，这在当时已经算大的了，可供六七个人居住，一天 24 小时都在船上生活。20 世纪七八十年代，大部分蛋家人还没有房屋，住在船上，不过后来船也大了。② 在麻涌，有一种用作捕鱼兼居家的内河船：一般也只能供三至五人家庭居住，通常是供一人或二人居住。清末民初以来，这种船的形制变化并不大，但质地变化较大。较大的船约 10 米长，约 3 米宽，全高不超过 2 米，载重量在 1 吨左右。③ 前麻二运输队 W 叔当时所见的蛋家船一般不大，可以住四五个人。过去他一直在水上跑，去过很多地方，足迹遍布港澳，北江流域的清远，东江流域的惠州、河源等地。④

（二）茅寮

随着珠江三角洲地区沙田垦殖面积的快速增加，三角洲河汊地区水域面积缩小，蛋民的活动地域和生计资源受到限制，许多蛋民迁移到靠近市镇的河面搭建茅寮。清代以降，珠江口蛋民已陆续上

① 参见中共沙田镇委员会、沙田镇人民政府编《东莞市沙田镇志》，2003，第 71 页。
② 2013 年 7 月 24 日访谈记录。
③ 参见张振江、陈志伟《麻涌民俗志：岭南水乡社会研究》，汕头大学出版社，2008，第 346~347 页。
④ 2013 年 7 月 27 日访谈记录。

岸，于沙坦搭建茅寮并形成聚落，至民国该现象更为普遍。① 新中国成立前，沙田疍民居住条件非常恶劣，都是"上无片瓦，下无块砖"的茅寮区。村民用几竿竹子在堤坝上搭成几平方米或 10 多平方米大的框架，上盖禾草或蔗叶，就成居屋（称茅寮）。由于搭建材料简陋、质量差，遇台风或大暴雨侵袭时，常有漏水、禾草被风吹掉甚至整间茅寮倒塌的现象发生。②

1956 年，东莞县政府将停泊在河仔、新洲、南面、鹿颈、思贤涌等地的渔民，集中到太平镇广济涌口地段，建立首个渔民茅寮定居点。1959 年 8 月，中共东莞县委、县政府正式选定三门口的木棉山对面的牛头山下的海滩为太平渔业公社的渔民定居地点。初期，渔民在山边搭建大批茅寮居住，之后逐渐形成了牛头山西面的新湾村、东面的东湾村和南面的港湾村。③ 20 世纪 60 年代至 70 年代初，虎门新兴村村民用禾草和其他材料搭成茅寮居住，这是新兴村陆上居住的开始。1971 年初，从石龙渔业公社属下的四个渔业大队（新龙、新峰、新桥、新石）抽调 100 多人到虎门公社牛屎湾开挖山地建渔民新村。这四个渔业大队参加建设的人员也分别用禾草、竹木搭成草寮来居住。此外，虎门镇武山沙村，旧时居民住所也均为茅寮、竹棚。④

---

① 参见曾惠娟《疍民之"家"及其关系之延伸》，载贺喜、科大卫主编《浮生：水上人的历史人类学研究》，中西书局，2021，第 322 页。

② 参见中共沙田镇委员会、沙田镇人民政府编《东莞市沙田镇志》，2003，第 73 页。

③ 参见《东莞市海洋与渔业志》编纂委员会编《东莞市海洋与渔业志》，广东人民出版社，2014，第 135、137 页。

④ 参见《虎门镇新兴村志》。

（三）松皮棚（屋）

20 世纪 50 年代中期，沙田人开始用松皮搭盖住房，住上了相对坚固美观的松皮棚（屋）。[1] 虎门镇武山沙村的村民，也在这个时期住上了松皮棚。到 1960 年，虎门镇渔港村渔民已搬迁到四架闸、木棉山一带，搭建茅棚或松皮棚居住。"当年（沙田镇）石塘尾一带农（渔）民在河涌边，用松皮、竹木搭建简陋棚屋。茅竹和杉木用作房屋主要的支撑骨架，扎上长竹，人字形房屋的框架基本完成。接着，在房顶和四壁的竹架上挂上松皮，房顶铺设松皮后再铺盖一层甘蔗叶。最后，在棚屋外面四周近地面部分，用稻草和上稀泥，一串一串地挂在松皮外面，再涂上稀泥成光滑的外墙，简陋的松皮屋就基本完成。在'屋'内搭好上下两层木架，放上木板就铺成床。当时床是不分隔的，几个人同睡一大铺，热闹非常。这就是蛋家人的'家'"。[2] 早些年，还能在石塘尾村等村落看到大大小小的松皮屋。

（四）水泥船

旧时的内河船完全是用木头制成，大概从 20 世纪 60 年代末开始，为了节省木材，新造的船大部分改用水泥制成船体，因此被称为水泥船。[3] 东莞第一艘水泥船出现在 1969 年，由茶山峡内运

---

① 参见中共沙田镇委员会、沙田镇人民政府编《东莞市沙田镇志》，2003，第 73 页。

② 广东省人民政府地方志办公室编《全粤村情·东莞市卷（四）》，华南理工大学出版社，2017，第 127 页。

③ 参见张振江、陈志伟《麻涌民俗志：岭南水乡社会研究》，汕头大学出版社，2008，第 346~347 页。

输公司建造，船号为莞峡机 079 号，当年到惠阳地区航运局接受严格验收。①《麻二村百年记事》的一则材料可以帮我们了解当时的情况：

> 麻二各生产队原有木船艇一批，经长期使用，烂的烂，拆的拆，已所剩无几。但当时木材缺乏，且价格昂贵，不可能更新制造。1972 年，石龙造船厂制造了一批水泥船，向全县推广。正是久旱遇上及时雨，各生产队立即闻风而动，都各自购买了一只水泥船。水泥船用水泥、沙石、钢材组合而成，坚固耐用。而且，长期使用成本低，维修少，不用抹油，比较经济。使用后，各生产队反映都不错。但美中不足的是水泥船比较笨重。初时，各队用橹摇动，速度缓慢。数年后，相继安装了机械作动力，水泥船的优势才得以充分发挥。②

大致在 20 世纪 70 年代，木帆船逐渐退出摆渡、运输、住家的场合，疍家人也很自然地用上水泥船，如东城鳌峙塘东江南支流上 Z 叔一家便居住在水泥船上。

（五）砖木、砖瓦房

新中国成立前，东莞沙田只有几间给护沙队使用的炮楼是砖瓦结构的。部分疍家村的传统住居为广府民居，代表性民居为砖瓦房。20 世纪 60 年代中后期，才逐渐建起红砖楼房。60 年代中期之后，

① 参见《东莞市茶山镇志》编纂委员会编《东莞市茶山镇志》，岭南美术出版社，2010，第 78 页。

② 《麻二村百年记事》之《水泥船代替木船》（内部资料），中共东莞市麻涌镇麻二村支部、东莞市麻涌镇麻二村村民委员编，2003，第 253~254 页。

图 5-1　Z 叔、W 姨一家的船

图片来源：笔者摄。

由于大种香蕉，生产有了很大的发展，村民的收入大幅增加，开始在堤坝上建砖瓦结构的住房。这是沙田镇有史以来的第一代砖瓦房。房屋建筑由砖木结构的平房转向砖混结构的楼房。如沙田同太村村民原为渔民，曾以船和茅寮为家，直到 1966 年才开始建砖瓦房。由于当时资源有限，村里用集体余粮换砖头，并分批建房，到 1968 年村民基本住上砖瓦房。鹤洲村、下谷村等村落的情况也相似。① 70 年代后，沙田镇村民建起用打桩来巩固基础的第二代砖瓦房。

东莞虎门太平渔业公社的渔民居住条件也逐渐得到改善，部分渔民陆续将茅寮改建成砖瓦房，逐步定居陆上。1962 年，太平渔业公社在新湾修建了两排砖瓦平房。1971 年，牛头山下的渔民村将茅房改建成两层砖瓦结构楼房，且首次拥有了独立的厨房。② 新兴村渔民陆上定居从 1971 年开始，采取了边建设并优先安排出远海渔民居住、陆续搬迁的形式，1975 年底大多数渔民住上新房子。

① 参见广东省人民政府地方志办公室编《全粤村情·东莞市卷（四）》，华南理工大学出版社，2017，第 104、98、106 页。

② 参见《东莞市海洋与渔业志》编纂委员会编《东莞市海洋与渔业志》，广东人民出版社，2014，第 135~138 页。

新建房屋全部是平房，4间一排，每间面积为34平方米。从山坡上按梯层状向下建筑。当时每间房屋造价1200元，村民出资800元，不足数由镇政府、村集体补贴。① 武山沙村村民也于20世纪70年代初开始在堤坝上建砖瓦房。又如路东村，因生产条件差，水、旱、咸（潮）、风灾害频繁，村民过着"一年四季满身泥水，一条小艇半间茅寮"的困苦生活，从70年代起逐步将原来的茅寮改建成砖瓦房。

20世纪六七十年代，东莞县委、县政府陆续对莞城、石龙等地渔业公社的渔民（主要分布在莞城、万江、中堂、沙田、麻涌、虎门、道滘）进行搬迁与安置。"1968年8月，莞城渔业公社道滘渔业大队迁至沙田定居，在沙田公社的横流河口建数十间砖瓦结构的渔民住房。与此同时，石龙渔业公社的渔民也在石碣水南大堤内，建起几排数十间渔民住房；莞城渔业公社的渔民多半安排在当地的祠堂内居住；其他地方的渔业大队都建起大队部。至此，全县有半数以上的渔民在陆上建有住所，以安置老人和方便小孩就读。"② 从1971年开始，莞城渔业人民公社和石龙渔业人民公社开始在新湾渔村建房。一个出生于1949年的虎门阿叔讲述，1971年新湾渔村开发的时候，沿着河涌，往山坡上开发，建设用地全部是从山坡上挖出来的。到1973年，新湾渔村初具规模。从1989年开始，经虎门镇政府同意，新湾渔村对300多亩水面进行开发，围石头造陆地。以前是在山坡上开发，现在是在水上开发，一分农田都没有占用。说

---

① 参见《虎门镇新兴村志》。

② 《东莞市海洋与渔业志》编纂委员会编《东莞市海洋与渔业志》，广东人民出版社，2014，第138页。

到此，虎门阿叔脸上露出了自豪的笑容。①

（六）钢筋混凝土楼房

改革开放以后，东莞新湾渔村发生了翻天覆地的变化。渔民纷纷拆旧房建新楼，形成了多条商住街道。主要道路铺设了混凝土路面，渔村通了电和自来水，捕捞附属行业配套齐全，工商业有了长足的发展。② 20 世纪八九十年代，沙田的房屋建筑由砖木结构的平房转向砖混凝土结构楼房。笔者在坭洲岛南洲新村看到了别样的"三世同堂"。靠着堤坝而建的改良式"寮""棚"，松皮、禾草、竹木搭成的墙壁和屋顶，石柱子与水泥木头混合浇筑的房屋框架（"地基"），木质的屋内地板。而在它对面，就是现代的钢筋混凝土楼房。

笔者走访的一对老夫妻曾生活在水上，后来他们虽然上了岸，也建起了两三层的钢筋混凝土楼房，但老两口还是在楼房对面的水上搭棚屋居住，相当于"分家"，自觉不给儿子家添麻烦，腾出更多的空间供儿子的小家庭自由生活。老人家说，他们更适应水上的生活，跟儿子住对门是为了有个照应。无独有偶，这与吴水田、司徒尚纪所描述的粤东汕尾甲子渔民新村蜑家住居形式相似："由于人口的增加，贫穷蜑民买不起房子，儿子结婚后老人没有地方居住，为给后代特别是儿子娶媳妇腾出地方，老人们在门口用木头搭一寮房，……白天是蜑民老人的活动场所，晚上则是睡觉的'房子'，而原来

---

① 2013 年 7 月 24 日访谈记录。

② 参见《东莞市海洋与渔业志》编纂委员会编《东莞市海洋与渔业志》，广东人民出版社，2014，第 136 页。

图 5-2　棚屋与对门的钢筋混凝土楼房

图片来源：笔者摄。

的房子则腾出给年轻人结婚和居住。"① 只不过前者大致不是因为贫困，可能是对过往的生活方式的一种难以割舍。又如 20 世纪 70 年代末至 80 年代，珠江口渔港区附近经常出现儿子、媳妇、孙子居住小洋房，老父母仍蹲在破旧的蛋家艇里自烹自煮过日子，儿子、媳妇带着孙子出海作业期间，做父母的不肯去为儿子看守小洋房，让小洋房重门深锁，自己仍守着残旧蛋家艇的情形。② 由此可看到蛋家人对过往生活的依恋，其内心深处对陆上生活的不经意排斥或不适应，或许也是对某种生活习俗的延续。

二　服饰

蛋家传统服饰是蛋家人在长期的生活劳作中，与江海环境相调

---

①　吴水田、司徒尚纪：《岭南蛋民舟居和建筑文化景观研究》，载林有能、吴志良、胡波主编《蛋民文化研究——蛋民文化学术研讨会论文集》，香港出版社，2012，第 328 页。

②　参见张寿祺《蛋家人》，香港中华书局，1991，第 137 页。

适的过程中形成的。其款式、材质和佩饰大概描述如下。

（一）款式

20世纪50年代以前，珠江口及广东省沿海海滨，妇女的一般穿着是蓝色、青色、黑色衣裤。上衣为大襟，镶上深色的大边，款式与陆上居民有着明显的区别。不管冬还是夏，都是长袖。① 东莞疍家女子的上衣主要样式有大襟衫、尾仔衫，前者为已婚妇女的主流服饰，色调以偏紫蓝、沉蓝为主，为阔大袖口、宽短裤脚的黑布斜襟样式；后者为未婚女子的主要穿着，色泽以浅蓝、花蓝为主，后演变为紫、蓝、粉、花等各种款式。除了色彩较之大襟衫阳光艳丽外，其最突出的特点便是"轻微窄腰"，较有曲线，能较好地凸显未婚女子的婀娜体态。疍家女子的裤装主要是"榄角裤"，因臀部后尾突出成尖锥状，状如榄角而得名，主要用于春夏两季打鱼、插秧种田时穿。②

疍家男子最主要的服饰是唐装衫，色调一般为黑色，以清代的唐装式样设计。一般为粗线缝制，精细程度不及大襟衫。访谈中阿叔们说干活时最常穿的是对襟衫，这种俗称"唐装衫"的服饰是当时男子劳动、居家及外出时最常穿着的服装，麻涌等地的男子也常穿。下身穿"大浪九"，本地人把它称为"水裤"，其具有宽大、凉爽、方便劳作等特点，适合天热时穿着。③

---

① 参见张寿祺《蛋家人》，香港中华书局，1991，第162页。
② 参见《疍家服饰精粹》，载沙田镇文化广播电视服务中心编《水韵》2009年总第3期，第13页。
③ 参见《疍家服饰精粹》，载沙田镇文化广播电视服务中心编《水韵》2009年总第3期，第13页。

（二）材质

传统疍家服饰以葛布、薯莨为最主要制作材质，随着时代的变迁，疍家也逐渐采用棉布、的确良等新材质。一般而言，大襟衫采用的布料有红底密乌布（一种底紫红、面黑的蓝靛布）、大成蓝布、蓝斜布等。[①]

（三）佩饰

（1）银饰。疍家少女编长辫，妇女梳髻，髻插一支银色的钗。疍家妇女饰品多用银器，所佩戴的耳环、戒指、颈箍和手镯等多为银质，[②] 还有银腰链和银怀裙链等佩饰。银腰链和银怀裙链是疍家服饰中最为贵重的物品，是疍家女性的嫁妆，代代相传。[③]（2）头巾。俗称"狗牙包头"，主要功用在于包裹头部以抵挡风浪水汽的吹袭。旧时疍家男子一年四季无头巾、头饰，也不穿鞋着袜，被岸上人称为"无头无脚疍家佬"，疍家女子则被称为"有头无脚疍家妹"。[④]（3）竹笠。疍家人一般戴"铜锣帽"，在海上作业时这种帽能遮风挡雨。它是一种做工考究、编织目细，帽檐像铜锣的筒式竹笼。帽的上半部直径约 8 厘米、高约 6 厘米，下半部直径约 40

---

① 参见《疍家服饰精粹》，载沙田镇文化广播电视服务中心编《水韵》2009 年总第 3 期，第 13 页。

② 参见《东莞市海洋与渔业志》编纂委员会编《东莞市海洋与渔业志》，广东人民出版社，2014，第 160~161 页。

③ 参见中共沙田镇委宣传办、沙田镇文化广播电视服务中心主编《记忆沙田》，广东人民出版社，2012，第 55~58 页；另可参见张振江、陈志伟《麻涌民俗志：岭南水乡社会研究》，汕头大学出版社，2008，第 84~101 页。

④ 参见《疍家服饰精粹》，载沙田镇文化广播电视服务中心编《水韵》2009 年总第 3 期，第 13 页。

厘米、高约8厘米。“铜锣帽”外部要刷上一层金黄色的桐油，笠带一般用黑布做成，边上绣有红、蓝、黄、紫色的花纹。①

第二节　非物质文化景观

在长期的生产生活过程中，疍家人逐渐形成了具有自身特色的婚丧嫁娶、节庆习俗、宗教信仰、谚语歌谣等文化景观。

一　婚俗

屈大均曾这样描述疍家人的婚俗：“其有男未聘，则置盆草于梢，女未受聘，则置盆花于梢，以致媒妁。”② 新中国成立前，疍家年轻男女婚嫁由父母做主，婚嫁风俗独具特色，整个过程包括很多环节。如订婚环节包括谈情、定情、验证、择日等仪式。婚前摆酒环节，男方从婚前两天起在自家的茅寮里摆酒，请专门帮结婚人家做菜的厨师主勺，做好后，用簸箕装菜，放在岸边地上，人们围着坐在茅草上面开宴。比较讲究的人家在专供出租的“大泥船”上摆酒，船上空间很大，台凳、碗碟一应俱全。女方则在结婚前一天晚上摆酒，叫“开除”。没有茅寮的人家就在连家船上摆酒，来参加酒席的亲朋的船只靠在一起；在岸上做好饭菜，再端到各条船上吃。婚前一天晚上的环节包括采花、点烛、煮上头

① 参见《东莞市海洋与渔业志》编纂委员会编《东莞市海洋与渔业志》，广东人民出版社，2014，第161页。

② （清）屈大均：《广东新语》（下），中华书局，1985，第485页。

汤圆、"叹叹"（唱咸水歌）、拜海神等仪式。娶亲环节包括启程、迎亲、拜堂、回程、闹亲等仪式。庆贺环节持续三天。第一天"唱婚礼"，主要由参加宴席的嘉宾斗唱，以喜庆为内容主题，演唱者随意发挥。第二天"戏新郎"，嘉宾通过歌声把新郎戏弄一番。第三天"唱新郎"，新郎、新娘借歌声表达对父母的思念，父母则对儿女加以告诫与教导。

沙田 G 叔是这样回忆他小时候跟随大人在新湾吃酒席时的情景的："我的外公是正宗蛋家人，在船上生活的。我的老爸是围口人，在陆上造田的。小时候去过新湾吃酒，几百亩的水域面积，搭了很长的木桥在水面，'新抱船'粘得极其漂亮，大帆船（主要是搞运输的船用作新抱船）上摆满了东西，一般兄弟送'红'（红花布之类），舅舅送上等布料，送的礼物都挂在船上，仪式在船上举行。很多帆船排在海面上，有'孖拎艇'、'沙狗虾艇'、'大螺艇'等各式各样的渔船，大的小的排很多，很壮观的。新娘要由舅舅背上船，如果没有，旁系的也行，如再没有，就得认一个，这是正宗的蛋民船上婚礼。酒席就摆在船板上，客人席地而坐。船板上，有条船专门做酒席，也有从太平请的酒席师傅来做。"① G 叔回想起小时候看到的结婚场景仍赞不绝口，难掩自豪和惋惜之情。那时在大围口，海上聚满了联排的船，船上挂着好多喜幛。整个海面都是婚礼的场地，船只都是来贺婚的，非常壮观。沙田的围口村只是其中很小的一部分，儿时的场

---

① 于鹏杰：《东莞蛋民的变迁研究——以中心和周边的分析视角》，载林有能、吴志良、龙家玘主编《蛋民文化研究（二）——第二届蛋民文化学术研讨会论文集》，香港出版社，2014，第208页。

景是再也看不到了。①

　　新中国成立后，党和政府提倡婚姻自由，上述烦琐礼节大部分被取消。婚礼也逐步简化，提倡自由恋爱，宴请宾客的地方也渐渐改为陆上住宅。婚礼的交通工具已改舟为车，上酒楼请客。这是水上生活变为陆上生活的必然结果，其习俗也掺入陆居文化习俗的成分。② 笔者在沙田和虎门实地走访时，访谈的对象基本出生于20世纪40年代，最年长的出生于1942年，最小的出生于1949年。20世纪六七十年代正好是他们成家的时间段。疍家人并不是生活在一个与世隔绝的环境里，部分疍家人也随着社会习俗和时代潮流的变化而改变。一个虎门阿叔回忆，他们兄弟三人都是在船上结的婚。20世纪六七十年代，疍家人一般在自己的圈子里找结婚对象。在民政部门登记结婚，婚礼也没有很特别的仪式，是很现代的、很普通的、很革命化的婚礼。1964年之后，上述的传统疍家婚俗基本上看不到了，一直到改革开放后才逐步恢复。现在疍家人结婚都是在酒楼摆酒席，用轿车来接送新娘了。③ 原麻二运输队W叔说他的婚礼是在船上举行的，印象中没有什么特别的仪式。④ 据文献记载，沙田镇原疍家村落还有如下的婚俗仪式（见表5-1）。两相参照，或许能构建起更加完整的疍家婚俗图景。"疍家传统婚俗"已于2010年被认定为东莞市第二批市级非物质文化遗产项目，得到了传承与保护。

---

① 2013年7月4日访谈记录。
② 参见《东莞市海洋与渔业志》编纂委员会编《东莞市海洋与渔业志》，广东人民出版社，2014，第162～163页。
③ 2013年7月24日访谈记录。
④ 2013年7月27日访谈记录。

表 5-1 沙田镇疍家婚俗仪式

婚俗	内容	村落
婚俗一："拜海口"	沙田仍保存着形成于清末的疍家人特色婚俗。疍民以舟为家，四处漂泊，婚嫁前一天，要"拜海口"，接新娘时，用船去接。婚宴当天由于没有摆宴的陆地，只能租大船，在船上设宴，亲人都开渔船前来，停在大船周边。婚后第二天，要"烧河图"，就是把一些旧的衣物，在船边烧掉，也叫"恩师河图"。	先锋村、勒仔围村、和安村、西盛村、东安村、新涌村、茂生村、新村（属和安行政村）、上涌村、下涌村、埠城村、泗合村、沙尾村、南新洲村、向阳村、新村（属泥洲行政村）、泥尾村、泥中村、溢田村。
婚俗二	村民婚嫁前一天晚上，无论是男方家还是女方家都会请来夫妻双全有儿有女之人为新郎或者新娘"上头"，此时还会煮"上头丸"（用糯米粉做的类似于汤圆的食物），寓意着团圆美满。由于村民多为疍民，加上陆路交通不便利，村民一般是划艇去赴宴，婚宴一般会设 3 到 4 餐，分别叫"埋艇"、"正餐"和"散艇"。婚宴现场会挂由亲戚朋友送的"喜幛"。此外，结婚双方的亲戚会给男方或者女方送一块 6 寸长的红布，称为"兄弟红"或者"嫁女布"。在婚宴上，新娘会给亲戚捧水洗脸，以示谢意和祝福。由于出行方式和时代的变迁，"划艇去赴宴"和挂"喜幛"这两种婚俗在 20 世纪 80 年代逐步消失。	鹤洲村、仁和村、三和村、同太村、下谷村、洲尾村。
婚俗三	此婚嫁习俗形成于清末。当时村民以舟为出行工具。婚嫁的时候，用船只作为迎亲工具，在船只两边各挂两个红灯笼。迎亲出门前，先拜神口，再拜土地。男女双方婚前互不相识，全程由媒婆说亲。迎亲当天，男方不上船迎亲，由男方几名亲戚及媒婆坐船前往迎亲。迎亲后，在下船的时候，要拜河神，烧元宝，感谢神恩，并要再拜神口，再拜土地。女方衣着打扮为大红衫、黑裙，裙上有几条花边，具有一定的时代特色。	中围村、沙头村、下围村（属中围行政村）。

资料来源：广东省人民政府地方志办公室编《全粤村情·东莞市卷（四）》，华南理工大学出版社，2017。

二　丧葬

疍民的丧葬仪式有举行葬礼、守孝、讨斋、祛邪、制作定惊茶等习俗。丧葬分为水葬、土葬、火葬。在旧社会，有的疍民死后实行火葬，家人将收集的骨灰放在一个罐子里，向陆上人买一处可存放的地方，或偷偷将其掩埋在岸边的土里。一个虎门阿叔回忆，有一些疍家人认陆地上的农民大户做干爹，只为图个生老病死，落叶归根，有个归属的地方。① 在疍家老人去世后，儿女臂上要缠黑布圈，媳妇要穿白衣，戴黑色头饰。老人去世后第七天是头七，第十四天是二七，第二十一天是三七，在这几个日子家人会拜祭先人并上香，但不能到他人家里做客。疍民一般会请五到六个打斋人（道士或和尚）为死者做法事，这样能给予死者和家人安乐，其间主人家不可吃肉，只能吃清淡的食物。老人临终前，家人会用金银器给他当作枕头。三七过后，金银器会分给子孙，以后如果遇到突发事件，家人可用金银器、油灯芯及麻石秤砣煲水，制成压惊茶以压惊。② 沙田很多原疍家村落保留着"盖'龙凤'"的"送终"仪式。该习俗流行于清末，已落地生根的疍民的丧葬一般以土葬为主。死者入棺之后由其儿子盖上白被，寓意为"龙"；由女儿盖上红色被子，寓意为"凤"。盖"龙凤"被是希望死者到另一个世界不会受寒受冻，同时也寄托至亲对死者的思念。老人去世那一天叫"低头"，然后每间隔 7 天，分别是"头七"、"二七"和"三七"，死后

---

① 2013 年 7 月 24 日访谈记录。

② 参见中共沙田镇委宣传办、沙田镇文化广播电视服务中心主编《记忆沙田》，广东人民出版社，2012，第 52 页。

第100天叫"百日",在祭拜过程中会请人过来"叹坛"——以歌唱的形式表达对死者的思念与不舍。①

三 节庆

1."请婆姐"

"请婆姐"习俗形成于清末。相传每年农历二月初二是"婆姐诞",每年的这天疍家人会烧纸拜祭。在婴儿出生后,父母会为他请来"婆姐",祈求"婆姐"保佑小孩健康长大。等到小孩长大成人,在他们结婚前要请走"婆姐",并感谢"婆姐"的一路照顾,这表示小孩已经成长为大人了。这个仪式相当于疍家的成人礼。②

2.拜山

沙田人有"清明无客不思亲"之说,故清明节又称"思亲节"。清明节要去扫墓,扫墓又称"拜山"。在拜山过程中使用的一个重要物品是烧猪,拜山后将猪肉分至各家各户("太公分猪

---

① 如沙田的鹤洲村、仁和村、三和村、同太村、下谷村、洲尾村。参见广东省人民政府地方志办公室编《全粤村情·东莞市卷(四)》,华南理工大学出版社,2017,第97~233页。

② 如沙田的鹤洲村、下谷村、洲尾村、福禄沙村、桂轩洲村、石塘头村、石塘尾村、洲仔村、先锋村、溢田村、沙尾村、勒仔围村、中围村、沙头村、西中村、下围村(属中围行政村)、和安村、西盛村、东安村、新涌村、茂生村、新村(属和安行政村)、上涌村、下涌村、埠城村、泗合村、南新洲村、向阳村、新村(属泥洲行政村)、泥尾村、泥中村、溢田村、东围村、西围村、上围村、下围村(属西大坦行政村)、新围村(属西大坦行政村)、裕隆村、穗隆村、围仔村、秋盛村、裕盛村、裕丰村、大泥村、金玉村、穗盛村、金和村、祥盛村、满丰村。参见广东省人民政府地方志办公室编《全粤村情·东莞市卷(四)》,华南理工大学出版社,2017,第97~233页。

肉"）。若遇上某户人家添了新丁，第二年这户人家会献出一头小乳猪（经济困难的家庭可以用烧鹅或包子代替）。[①] 但在新中国成立前，疍家女子是不能去扫墓的。每年清明节分的猪肉，女子也不能分到。[②] 与之类似，虎门 D 叔介绍道，他家里的女性之前也不准去拜山，但从 1973 年开始，他们家族有了新规定，凡是女性都要拜祖先，只是不能分东西，不能分钱。他认为，祖先定的规矩，合理的要保留，不合理的要抛弃。说到清明祭祖的仪式，D 叔非常自豪地说："现在东莞其他镇街恐怕都没有这样的形式，只有水上人家才有的。" 每到清明时节，家族里几百人一齐祭拜，每年都要摆上几十围的台，场面很壮观。在他们的心目中，清明节比任何一个节庆都重要。因为他的弟弟是祭拜仪式的司仪，所以他很熟悉整个过程。在延续祖上留传下来的祭拜习俗外，也做了一些变通，加入了一些新的形式，使得清明节庆更加时兴。比如，在祭拜结束后，将拜太公的东西拿来"拍卖"，起拍价一开始是五六百

---

① 如沙田的鹤洲村、仁和村、三和村、同太村、下谷村、洲尾村、三盛村、拐排村、闸门涌村、四盛村、南环村、蛇头仔村、百亩村、山边村、赖家庄村、福禄沙村、桂轩洲村、石塘头村、石塘尾村、洲仔村、民田村、官洲村、泗沙村、水浸围村、最丰村、民田仔村、先锋村、西太隆村、就兴村、坭头村、三四围村、渡船洲村、七份村、六和村、德寿村、三排头村、茂隆村、三排尾村、水上村、旧围村（属稔洲行政村）、培厚围村、永茂村、龙船洲村、鞋底沙村、合宜围村、勒仔围村、上涌村、下涌村、埠城村、泗合村、沙尾村、南新洲村、向阳村、新村（属泥洲行政村）、泥尾村、泥中村、溢田村、东围村、西围村、上围村、下围村（属西大坦行政村）、新围村（属西大坦行政村）、裕隆村、围仔村、秋盛村、裕盛村、大泥村、金玉村、穗盛村、金和村、祥盛村、满丰村、福隆村、田屯村、旧围村（属齐沙行政村）、新围村（属齐沙行政村）。参见广东省人民政府地方志办公室编《全粤村情·东莞市卷（四）》，华南理工大学出版社，2017，第 97~233 页。

② 参见中共沙田镇委宣传办、沙田镇文化广播电视服务中心主编《记忆沙田》，广东人民出版社，2012，第 45 页。

元，一路走高，直到再没有人出更高的价格。参与"拍卖"的有供奉祖先的金器、银器、茶壶、酒壶等器物。他们相信，如果能拍到这些物品，定能使子孙后代兴隆发达（"虽说是迷信"，D叔说完一笑）。想生男孩的就竞买茶壶、酒壶（因为壶嘴与小男孩的生殖器相似）。说到动情处，D叔感慨地说，对于家族而言，举行清明节这个仪式，更多的是相聚帮扶，竞投的资金可以帮助家族里有需要的人，或用于下一年的祭拜活动，特别是可以使每个家庭每年都相聚一次。① 住在东城街道鳌峙塘的Z叔、W姨夫妇已经六十多岁，他们本是新湾新石村人，1996年来到东城街道与石龙镇、石碣镇交接的水域。对于他家而言，一年中最重要的是三个节日，即春节、清明节、中秋节。Z叔的父亲原来跟其他同姓的人葬在厚街公墓，但后来Z叔与其他人发生了一些不愉快的事，Z叔便将父亲的牌位迁到了鳌峙塘村里。每年一到清明节，他就在村里祭拜，一般会准备烧猪、烧鹅、包子、水果、蜡烛等祭品。②

3. "龙舟景"

东莞河涌纵横交错，出门见水、举步登舟，疍家人与水和舟结下了不解之缘。龙舟竞渡是人们喜闻乐见的传统体育活动。端午节当天（或五月十二日）会举行龙舟竞渡或游龙等活动，几乎每家每户都会包粽子、吃粽子、看龙舟赛。③

---

① 2013年7月24日访谈记录。

② 2013年8月2日访谈记录。

③ "龙舟景"举办的时间，有的是每年农历五月初五，如沙田的福禄沙村、桂轩洲村、石塘头村、石塘尾村、洲仔村、和安村、西盛村、东安村、新涌村、茂生村、新村（属和安行政村）、上涌村、下涌村、埠城村、泗合村、沙尾村、东围村、西围村、上围村、下围村（属西大坦行政村）、新围村（属西大坦行政村）；有的是每年农历五月十二日，如沙田的鹤洲村、仁和村、三和村、同

4."拜七姐"

东莞渔家姑娘从农历七月初一起便停止劳作，清洁住家小艇，制作供品，筹备"拜七姐"。初六日摆设香案、吃斋，并盛装打扮以欢度节日。入夜则焚香点烛，供 7 种时鲜果品、时花和自制的乞巧手工品。平日结交要好的 7 个姐妹欢聚一艇，谈笑畅饮，待至"交子"时分（晚上 11 点），即焚烧纸元宝以及为"七姐"制作的 7 套纸衣和其他用品。七姐妹依照长幼次序，在船头向天叩拜。拜毕，共尝时果，观星赏月，彻夜不眠。此外，与"七姐"相关的习俗还有：农历七月初七这天，船家户户用埕或瓶盛满江水，俗称"七姐水"，留待饮食或他用。①

5. 祭船官菩萨

新的渔船造好启用，渔家会举行祭船官菩萨仪式。渔民大部分时间在船上劳作，渔船是他们生存之基，他们对渔船心存敬畏，将新船下水仪式作为盛大的节日。在新渔船上，大家一起喝祈求吉祥、平安的喜庆酒。即便是贫穷之家，也须置办水酒鱼肉，邀请亲朋相

接上页③太村、下谷村、洲尾村、三盛村、拐排村、闸门涌村、四盛村、南环村、蛇头仔村、百亩村、山边村、赖家庄村、民田村、官洲村、泗沙村、水浸围村、最丰村、民田仔村、先锋村、西太隆村、就兴村、坭头村、三四围村、渡船洲村、七份村、茂隆村、水上村、旧围村、培厚围村、永茂村、龙船洲村、鞋底沙村、合宜围村、勒仔围村、南新洲村、向阳村、新村（属泥洲行政村）、泥尾村、泥中村、溢田村、裕隆村、围仔村、秋盛村、裕盛村、大泥村、金玉村、穗盛村、金和村、祥盛村、满丰村。参见广东省人民政府地方志办公室编《全粤村情·东莞市卷（四）》，华南理工大学出版社，2017，第 97～233 页。

① 参见《东莞市海洋与渔业志》编纂委员会编《东莞市海洋与渔业志》，广东人民出版社，2014，第 163、166 页。

与庆祝。①

6. 拜海神

每年春节和农历七月二十九日，渔家会举行祭拜海神仪式。以酒、鱼和三牲供奉海神，祈求平安多福。仪式结束后，渔民就会聚在一起饮酒壮行，以求丰收。②

7. 拜月

在中秋节月亮升上天空之时，人们开始拜月、赏月，吃月饼和水果。此外，当天晚上还有小孩子点灯笼等活动。③

8. 除夕和春节

除夕"守岁"一般是由家里的男子来做的，"交子"时分人们会燃放鞭炮，寓意除旧迎新；初二俗称"开年"，夫妻会带孩子到岳父母家"拜年"，此时会带上宗果，寓意女儿虽然嫁人，但仍不忘自己的祖宗。④ 春节时，渔民会在船头贴三张或五张"金钱"（有图案的红色剪纸），同时贴着红纸长条幅，写上"顺风得利""吉祥如意"等吉利话，并放置姜、糖、利是（红包）等，寓意甜甜蜜蜜、

---

① 参见《东莞市海洋与渔业志》编纂委员会编《东莞市海洋与渔业志》，广东人民出版社，2014，第166页。

② 参见《东莞市海洋与渔业志》编纂委员会编《东莞市海洋与渔业志》，广东人民出版社，2014，第163、166页。

③ 如沙田的民田村、官洲村、泗沙村、水浸围村、最丰村、民田仔村、西太隆村、就兴村、圫头村、三四围村、渡船洲村、七份村、水上村、旧围村、培厚围村、永茂村、龙船洲村、鞋底沙村、合宜围村、和安村、西盛村、东安村、茂生村、新村（属和安行政村）。参见广东省人民政府地方志办公室编《全粤村情·东莞市卷（四）》，华南理工大学出版社，2017，第97~233页。

④ 如沙田的鹤洲村、下谷村保留此习俗。参见广东省人民政府地方志办公室编《全粤村情·东莞市卷（四）》，华南理工大学出版社，2017，第97~233页。

有金有银。①

　　除以上所举节庆活动之外，东莞疍家还会制作传统节庆食品，如松糕、煎堆、油角、炒米饼、蛋扣、糖环、宗果等，以及疍家月子酒、糯米夹心糕、鱼笼糕、九层红糖糕、"煎棉被"（又名"薄餐"）、咸汤丸、咸糖不甩、猪大肠袋糯米、"老鼠爬泥"、蒸盐虾、青蟹酱等各种疍家传统美食。

四　信仰

　　疍家人一般是多神信仰者。内河船"中间吃饭的地方通常都设有神楼，上面摆着各种神牌，用来求平安、求捕到更多的鱼"。而对于出海船而言，"旧时渔民最常去的地方是汕尾、香港一带以及海南附近海域等地，……由于路途相对遥远，当时的船只速度又较低，因此每次出远海常常都需要两个月左右才能回来一次，在这期间，留在家里的人和在船上作业的人生死两不相知、各不能助，这也是渔民及其家人当时普遍迷信神明的一个主要原因。"② G叔说，他自小拜观音，沙田人去邻近番禺、南沙那边的三圣庙祭拜的也很多。虎门新湾疍家人一般祭拜祖先、妈祖（天后）、观音。③ 此外，疍家人还有祭拜洪圣大王、土地公、土地婆的习俗，不少原疍家村保留着这些传统习俗。

---

① 参见《东莞市海洋与渔业志》编纂委员会编《东莞市海洋与渔业志》，广东人民出版社，2014，第166页。

② 张振江、陈志伟：《麻涌民俗志：岭南水乡社会研究》，汕头大学出版社，2008，第347、351页。

③ 2013年7月4日、24日访谈记录。

1. 拜妈祖

农历三月二十三日是妈祖诞辰，蜑家人在这一天到各地妈祖庙祭拜，烧香焚纸、抽签问卦、预卜吉凶、祈求庇佑等。[①]

2. 拜土地庙

土地庙里供奉着土地公、土地婆，农历每月初一、十五日及（或）传统重大节日（如春节、清明节、端午节），村民都会到庙前祭拜。[②]

3. 拜大王庙（洪圣庙）

大王庙主要供奉洪圣大王、土地公、土地婆，农历每月初一、十五日，村民会到此祭拜。[③]

4. "牙祭"

农历每月初一、十五日，渔家（蜑家）要进行"牙祭"，祭拜妈祖、关帝和海龙王。祭祀仪式比较简单，只需要供奉斋菜、果品，点燃香烛并祈祷说几句话就可以。[④]

[①] 如望牛墩镇有两处天后宫，供奉着天后娘娘（妈祖）。新中国成立前，该镇靠捕鱼为生的蜑民很多，拜妈祖是祈求妈祖保佑出海平安。每年天后诞辰，村内外的信众和本村出嫁女都会回来焚香祭祀。参见《东莞市望牛墩镇志》编纂委员会编《东莞市望牛墩镇志》，广东人民出版社，2013，第631页。

[②] 如沙田的鹤洲村、仁和村、三和村、同太村、洲尾村、福禄沙村、桂轩洲村、石塘头村、石塘尾村、洲仔村、就兴村、坭头村、三四围村、渡船洲村、七份村、中围村、沙头村、西中村、下围村（属中围行政村）、泥尾村、东围村、西围村、上围村、下围村（属西大坦行政村）、新围村（属西大坦行政村）、穗隆村、围仔村、秋盛村、裕盛村、裕丰村、大有村、祥盛村。参见广东省人民政府地方志办公室编《全粤村情·东莞市卷（四）》，华南理工大学出版社，2017，第97~233页。

[③] 如沙田的泥尾村、大泥村。参见广东省人民政府地方志办公室编《全粤村情·东莞市卷（四）》，华南理工大学出版社，2017，第97~233页。

[④] 参见《东莞市海洋与渔业志》编纂委员会编《东莞市海洋与渔业志》，广东人民出版社，2014，第167页。

5. "祭幽"

"祭幽"一般在农历七月中旬举行，主要是超度亡灵，祛除灾难病痛，祈求水上生活平安。[1]

五　音乐

咸水歌是疍家独具风味的音乐，又称"咸水叹""后船歌""疍歌""蛮歌"。明末清初屈大均曾记述婚俗中疍家人唱歌的情形："诸蛋以艇为家，是曰蛋家。其有男未聘，则置盆草于梢，女未受聘，则置盆花于梢，以致媒妁。婚时以蛮歌相迎，男歌胜则夺女过舟。""蛋人亦喜唱歌。婚夕两舟相合，男歌胜则牵女衣过舟也。"[2]其中"蛮歌"即咸水歌、"疍歌"，它大致形成于明末清初，在20世纪70年代前的沙田等地被广为传唱。

从演唱的场合来看，东莞疍家咸水歌大致可分为"坐堂歌（歌堂歌）"和"大板歌"两大类，前者在婚礼或宴会场合演唱，后者在日常劳作间隙休息时演唱；从演唱的内容来看，可分为姑妹歌、自叹歌、煽情歌、拆字歌、哭嫁歌、老人歌、叙事歌等。咸水歌的内容和艺术形式比较直率：与山歌对比，少用比喻和双关等手法；与木鱼歌相比，没有长篇的故事内容可唱个三五月，每一曲都在当晚唱完，且没有三弦伴奏，只有清唱。其中最常见的是"姑妹歌"，常用于男女间传情、调侃对唱。女子演唱时，在每句末尾加上"兄呀哥"，男子则在末尾加上"姑呀妹"。演唱者往往就着节奏，把句

---

[1]　如东莞虎门新湾，参见朱嫦巧、麦淑贤《东莞疍民研究》，广东人民出版社，2018，第129~133页。

[2]　（清）屈大均：《广东新语》（下），中华书局，1985，第485、361页。

子中间或末尾的字音拉长。一个字音往往出现短暂的跌宕起伏，这种顺情控腔的唱法被蛋民（渔民）们称为"拉得顺"。[①] 张寿祺应当是熟悉蛋家生活的，他自幼生活在东莞县城这个水网之乡，常在城东珊洲河边戏水，与蛋家兄弟浮游于东江，游累了便爬上岸，与蛋家人坐在船板上拉家常，听蛋家讲故事，唱咸水歌。[②] 他曾回忆起青少年时代（20 世纪 30 年代中期）在故里东江下游水面听过的、用东莞方言唱的咸水歌：

> 做唛（为什么）在涌头早早挂起网呢？姑妹（装饰音）——
>
> 今日捞鱼捞得多噪（装饰音）——
>
> 挺日（明日）开身（开船）开到始钉（什么地方）去呢？
>
> 挺日（明日）要到大汾捞鱼虾噪（装饰音）——[③]

此外，东莞莞城、万江一带还曾流传着"印洲渔唱"和"北门渔唱"：

> 印洲，在脉沥洲莞城粮所仓库一带。当时这片洲头土地，属万江乡尹氏宗族"尹世德堂"产业。这里每天有数百艘渔船（俗称蛋家艇）停泊在沿岸，人声沸腾，进进出出，又不时传出悦耳的渔歌声，很热闹。[④]

---

① 参见陈启文、王十月、詹谷丰等《沧海沙田》，广东人民出版社，2011，第 229~246 页。

② 参见韩伯泉《东莞籍研究蛋家名家张寿祺——读〈蛋家人〉》，载林有能、吴志良、龙家圮主编《蛋民文化研究（二）——第二届蛋民文化学术研讨会论文集》，香港出版社，2014，第 457 页。

③ 张寿祺：《蛋家人》，香港中华书局，1991，第 176 页。

④ 《东莞市万江区志》编纂委员会编《东莞市万江区志》，中华书局，2010，第 619 页。

小享落村之初，原为小岛，居民多以捕鱼为生，岛上没有避风塘。岛上居民鼎盛时期曾有着三百多艘渔舟，日出而作，日落而归。日落西山之际，渔人驾驶归帆，高唱渔歌，使人有心旷神怡之感。①

咸水歌源自生活、贴近生活，音调婉转、形式简明、通俗易懂，是疍家人在日常生活中的交往方式和娱乐方式之一，也是倾诉心事的一种表达方式。内容多反映疍家的劳作生活及思想感情，歌者借以抒发喜怒哀乐情怀，表达生活态度和人生愿望。通常采用即兴创作的方式，呈现出鲜亮活泼的艺术特色及独具风格的审美趣味。它既在疍家人生典礼上吟唱，也是青年男女嬉戏的娱乐形式，还是训诫教育的媒介和知识传播的载体。

1. 婚俗庆典

在结婚典礼上，一般由主婚人唱：

抬头一碗白银虾呢，娶你过来要顾家啊哩。

家公家婆紧有三两句话黎（你），若然顶嘴要甩牙啊哩。

新娘三日回门，向父母倾诉唱：

人地阿哥无我阿哥咁（那样）穷呢，

我阿哥共埋三株叉仔两张篷啊哩，

行前艇头岳岳共（船要散架的样子）啰，

行后艇尾被人睇通啊哩。②

---

① 《东莞市万江区志》编纂委员会编《东莞市万江区志》，中华书局，2010，第621页。

② 《东莞市海洋与渔业志》编纂委员会编《东莞市海洋与渔业志》，广东人民出版社，2014，第167~168页。

2. 情感传达

如《男女情歌》：

> 海底珍珠容易揾哩姑妹，
>
> 珍珠易找阿妹难寻啊哩！
>
> 花髻跌落坑渠哩兄哥，
>
> 揾针容易揾老婆难啊哩！
>
> 海底虾公容乜易揾哩兄哥，
>
> 失哥条路上难寻啊哩！
>
> 口水吞干无啖到肚哩姑妹，
>
> 好似崩沙蝴蝶令妹忧愁啊哩。
>
> 物资交流你四方运货哩兄哥，
>
> 走完曲江马坝又走惠州博罗啊哩！
>
> 日落西山人又晒坏哩兄哥，
>
> 劝哥莫再做水面生涯啊哩！

又如《男女嬉戏歌》：

> 虾子在涌鱼在海哩兄哥，
>
> 打敲锣鼓（年纪已大）你练乜沙尘（高傲）啊哩！
>
> 放排大姐暗排柳哩姑妹，你咁好鲜花海面流啊哩！
>
> 日间拉你唔到手扼，夜间拉你泊齐头啊哩！①

---

① 广东省东莞市虎门镇志编纂委员会编《虎门镇志》，方志出版社，2016，第 315、316 页。

3. 知识与教诫

除习俗和娱乐外，咸水歌还具有承载知识、传授经验、教诫子女等功能。如充当引水 "地图" "导航"，程美宝在《遇见黄东：18—19 世纪珠江口的小人物与大世界》一书中提及：

> 在 21 世纪初忆述他们口耳相传的学习经验，娓娓唱来用地名串成的歌谣多首。住在港岛以西的大澳的何九先生，所唱的渔歌描述广东东面沿海到珠江口沿途经过的地形和聚落，包括沱汀、小浪澳、大浪澳、南澳环、坪洲、塔门、北佛堂、南佛堂、柴湾、将军澳、九龙、昂船洲、赤鱲角、赤湾等；住在新界以东的塔门的黎连寿先生所唱的歌词，也提到从沱汀列岛，经大鹏湾、大浪湾、西贡东面群岛，再到果洲群岛、浦台岛、大庙，然后过铁针门驶入维多利亚港，经柴湾、将军澳、筲箕、九龙塘、昂船洲，到珠江斗门。两首歌都屡屡提及 "湾" "洲" "岩" "排" 等词，"湾" 可让船只 "抛住"（下锚），"洲" 乃海中小岛，"岩" 则寸草不生，"排" 就是礁石群，船只不可靠近。在过去，识字不多的渔民，就是通过这样的歌谣，在心中画出一张海图。这不由得让我们想到上文提及洋船经过珠江口进入黄埔时，"带水" 会特别注意 "蚝墩" "大蚝头" "鱼头石" 等处，我们可以想象，清代的引水人也很可能是唱着咸水歌，叙述从澳门经虎门入广州的海路，帮助记忆这些险要之处吧。①

---

① 何九先生唱的是《东路程》，黎连寿先生唱的是《大船抛住沱汀头》。参见程美宝《遇见黄东：18—19 世纪珠江口的小人物与大世界》，北京师范大学出版社，2021，第 230~231 页。

另有《东便路程十送》：

> 精灵人仔去趁（赶集）筲箕湾，请只送人艇仔细倾谈。唔（不）论几多钱财倾一晚啰，明朝一早就开行。伶仃行前涉水门，兄弟行船啰讲风帆，唔怕屯门就怕后海浪啰，驶前呀几步啰赤妈湾。三月廿三啩娘妈诞啰，诚心男女啰把神还。西乡南头大铲关，固戌伶仃福永还。沙茅洲对面坦啰，龙穴灵杯沙堆还。沙角炮台啰鹅椅坦啦，威远对开上下滩。行前几步到罗湾，旺角跟住啲大小虎啦，唔使几久（不用多久）啰到漳澎。①

歌中借赶路人的视角和艇中人的对话，将沿途经过的地方，东莞漳澎、虎门和长安，深圳、香港一带沿海的地名串联了起来，也是活脱脱一幅"水上交通路线图"。

又如《十教孩儿》：

> 一教孩儿记礼书，记得当初落地时。
>
> 爹妈因你多欢喜，三朝七日作新衣。
>
> 爹妈无田又无地，贫贱夫妻暗含悲。
>
> 早朝搬布街头织，为儿抵尽几多饥。
>
>
> 二教孩儿记在心，为儿使尽几多金，
>
> 修桥整路有你爹妈份，花天酒地不敢寻。
>
>
> 三教孩儿记在肠，早朝烧着个炉香。
>
> 娶嫂返归话过嫂，二人和顺养爹娘。

---

① 黄锦玉唱，申明鹤采录，吴志滔记谱。沙田镇文化广播电视服务中心主编《沙田咸水歌》，羊城晚报出版社，2009，第15~16页。

四教孩儿把耳听，纸牌宝字勿心倾。

保长又来埠长又到，军民埋围系仔你工程。

五教孩儿不学坏，有钱勿使立乱啦（浪费），

大帮细时细帮老，兄弟齐心结合埋。

六教孩儿要正派，乡亲恩情要记怀，

咁多叔公和老大，有人送饭有人送过柴。

重有咁多六亲帮过晒，对待乡亲要和谐。

斟起双杯和睦酒，爹妈二人乐开怀。

七教孩儿子要知，为儿抵尽几多粗布麻衣，

也字又添三点水，慢慢兴家未为池（迟）。

八教孩儿要学勤，勿学早眠懒起身。

赚倒白银还了身债，勿俾身当二字抵还人。

九教孩儿勤读书，勿听群伴无心机。

兄弟行埋同屋住，千年同食不分离。

话起分离肚内苦，单手独拳被人欺。

十教孩儿唔在问，行前两步谢娘恩。

一谢怀胎十个月，二谢爹娘养育恩，

三谢媒婆好眼力，两头门户又双登。（后略）①

　　歌中"十教"孩儿的内容，将父母的语重心长、谆谆教导充分

---

① 沙田镇文化广播电视服务中心主编《沙田咸水歌》，羊城晚报出版社，2009，第134~136页。

彰显出来。

虎门当地流行的咸水歌，与广东其他沿海地方的咸水歌大同小异。歌词以七言为主，可以衬字。唱情歌时男唱上句，加"嘿妹，啊哩"；女唱下句，加"哩兄哥，啊哩"。① 新湾社区的东湾村、港湾村、卫东村、向东村、新峰村、新龙村、新桥村、新石村、振兴村有唱渔歌（咸水歌）的习俗。"唱咸水歌约形成于清代，是疍家为调剂生活、增加人们之间的友情而形成的一种对歌酬答习俗，主要有独唱、随编随唱、对唱等形式"，"从 20 世纪 90 年代末开始，虎门新湾村于每年的 5 月 16 日~8 月 1 日休渔期间，都组织渔民开展'渔韵情浓，渔歌唱晚'渔歌大赛活动"。② 在笔者走访的过程中，虎门的几个阿叔表示自己不会唱咸水歌。"以前会唱的，现在也都不会唱了（忘记了），阿叔我都没有见过会唱的"。其中一个阿叔说，"咸水歌，是没结婚的人唱的"③。可以猜想他口中的咸水歌是专指男女青年谈情说爱的那一类。东莞沙田居民原先多是疍家人，老一辈人当中不乏会唱咸水歌的。④ 沙田 H 叔是广东省省级非物质文化遗产项目——咸水歌的代表性传承人，吟唱咸水歌对他而言可

---

① 参见广东省东莞市虎门镇志编纂委员会编《虎门镇志》，方志出版社，2016，第 315 页。

② 参见广东省人民政府地方志办公室编《全粤村情·东莞市卷（一）》，华南理工大学出版社，2017，第 216~231 页。

③ 2013 年 7 月 24 日访谈记录。

④ 如先锋村、泥中村、和安村、西盛村、东安村、新涌村、茂生村、新村（属和安行政村）、上涌村、下涌村、埠城村、泗合村、沙尾村、南新洲村、向阳村、新村（属泥洲行政村）、泥尾村、泥中村、溢田村、大泥村、金玉村、穗盛村、金和村、祥盛村、满丰村等都有唱咸水歌的传统。参见广东省人民政府地方志办公室编《全粤村情·东莞市卷（四）》，华南理工大学出版社，2017，第 138~228 页。

谓小菜一碟。他不仅演唱前辈流传下来的歌曲，还创作了不少新曲，并将二胡等乐器加入清唱样式的咸水歌中，让音乐形式更加多样化，以便年轻人更乐意接受，从而达到保护和传承的目的。不过，他谦虚地说，"传承"还真谈不上，目前愿意学咸水歌的年轻人并不多。据镇里的一名干部介绍，政府为推广咸水歌提出了不少举措，并逐步让咸水歌进入中小学校。[①]"咸水歌"已于2007年被认定为广东省第二批省级非物质文化遗产项目，得到更好的保护与传承。

六　语言

据张寿祺研究，"珠江口直至广州，所有水上居民，概以广州方言为其通用语。东江流域的'蛋家艇'，在增城县、东莞市、惠州市，以至河源县水面的，概操广州方言。唯这种方言已不是纯广州话，已有些变异，是属于广州话系统的次方言——增城话、东莞话，以及类似于东莞话变异性方言。""珠江三角洲地段河道纵横，对水上居民来说，群体内部交往本极方便，可是各县市之间，虽同操广州方言，但他们各自的广州话亦有差别。在东莞市地段，其所操的广州方言，依从当地的东莞腔调和词汇。在番禺莲花山的，乃依从番禺市桥腔和词汇。在顺德容奇、桂洲水面的，则为容奇腔、容奇词汇。在中山市的，亦是依从当地石岐腔调。总之各有差别。"[②]东莞蛋家人的母语为汉语粤方言，语音与粤语广州话很近似，但有一

---

① 2013年7月4日访谈记录。
② 张寿祺：《蛋家人》，香港中华书局，1991，第50、53页。

些专有的词汇与口音，如讲粤方言东莞沙田话、虎门话、中堂话等。笔者在实地走访时，疍家人基本要求用"白话"来讲述，讲普通话于他们而言困难得多。相比东莞城区的语音，疍家的语言更接近省府广州话。在访谈中，甚至有阿叔笑言，"（与当地人）没有共同语言。我们说'官话'，比厚街、道滘的话更接近广州话。"① 从谈话中，我们确实发现那些阿叔的口音"非常广州"。此外，以海为生的人在长期与海洋打交道的过程中，形成了富有海洋文化风味的歇后语、俚语、谚语等。如疍家人在长期的水上作业中也积累了很多关于风信的经验：

日出东方明，即日定天晴。

今晚花花云，明日晒死人。

早起乌云在东方，无雨也有风。

乌云接太阳，大雨两三场。

二更有云三更开，三更有云雨就来。

三月东风晒死草，六月东风放船走。

西方火烧天，风雨离不远。

日月周围有黄圈，下雨就在下半天。

天边有断虹，将要来台风。

雷公先唱歌，有雨也不多。

星光暗生毛，两天雨必到。

雾里日头，晒破石头。

---

① 2013 年 7 月 4 日访谈记录。

天上鱼鳞斑，晒谷不用翻。①

特别是老渔民，他们会观察水流和天气的变化而调整作业的时间和地点。沙田疍家语言的丰富还表现在疍家"水流柴"自编的俚语上：

有女唔好（不要）嫁龙湾，龙湾艇仔食艰难。

天上无篷地无板，手执扶丝（渔网）揾食难。

人穷无我紧穷，三支丫子（竹竿）两张篷。

人在艇头押押拱，艇尾无篷人睇通。

唔落海就密挤挤，落咗海就千百幅，补死补烂你个老屎忽（屁股）。

世间最苦黄连树，人间最苦水上人。

葫芦仔唔（不）听话，跌落海被绳途（绑）。

揾到米来又无馓（菜肴），谁知今日算唔通。

阇西河流密如网，船艇来往日夜忙。不怕这里困难多，我地（们）一样打胜仗。

三穷四寡五难捱（熬）。

七岁应神童，先生我姓中。有才才正子，何必缺有功。

一万九千四（传说中张保仔留下的宝藏），落在阇西尾，边（哪）个捡到做班戏。

人吵你又吵，君子状元豪，厚街买濑粉，喂食打崩煲。

农字写成曲加辰，做生做死是农民。常年辛苦无了时，割

①　中共沙田镇委员会、沙田镇人民政府编《东莞市沙田镇志》，2003，第259~260页。

到禾米要交人。

无牙佬食猪骨，越食越出。（形容住在河边的村民填河造田，越填越大。）①

另有一些关于社会人生的或富哲理或诙谐的谚语，如：

鱼生火，肉生痰，青菜豆腐保平安。

一手难捉两条鱼。②

疍家佬打仔——有碇（地）走。③

定家佬（疍民）闹鬼公——先闹先着数。④

又如：

亲帮亲，邻帮邻，天下穷人帮穷人。⑤

这不禁让人想起走访时沙田 H 叔对疍家人性格的描述："虽然没有文化，但是很诚心、很实诚。思想单纯，与世无争。从不闭户，非常乐于帮助邻居。一个小孩掉落水，全村人都去救。没有饭吃，若我有两碗，定给你一碗。"⑥ 疍家人不时被陆上的农民所欺负，时有被取笑："疍家仔，背葫芦，跌落水，砰砰浮。"虎门 D 叔他们便

---

① 中共沙田镇委宣传办、沙田镇文化广播电视服务中心主编《记忆沙田》，广东人民出版社，2012，第 73~75 页。

② 中共沙田镇委员会、沙田镇人民政府编《东莞市沙田镇志》，2003，第 259 页。

③ 《东莞市茶山镇志》编纂委员会编《东莞市茶山镇志》，岭南美术出版社，2010，第 709 页。

④ 《东莞市虎门镇志》编纂委员会编《东莞市虎门镇志》，广东人民出版社，2010，第 786 页。

⑤ 中共沙田镇委员会、沙田镇人民政府编《东莞市沙田镇志》，2003，第 259 页。

⑥ 2013 年 7 月 4 日访谈记录。

"以牙还牙"："岸上仔，背石仔，跌落水，沉落底。"① 将怨怼化为诙谐的歌谣俚语。

七　禁忌

因为长年生活在风云叵测的风浪中，身家性命都在船上，所以蜑家人特别信鬼神，凡是对船不利的象征性动作和语言都很忌讳。

（一）居家

平日里，无论船走到哪里，泊岸时，都要在翘板头处插上几炷香烛，以敬地方鬼神，保佑平安。凡遇电闪雷鸣、风雨欲来之际，渔家多以菜刀敲击砧板，齐刷刷响一遍，以求用这响声能吓跑风雨雷神，免致波涌涛惊，撞破船只。吃鱼时不能切掉鱼尾，因"斩了尾"，有头无尾，意味着"今后打不到鱼"；要从面上夹着吃，忌反转过来吃，因触犯了"翻转"这个忌语，不吉利。桌上有碗、碟、匙羹绝不能倒扣桌面，否则也触及"翻船"之忌。② 虎门新湾社区东湾村的禁忌也是吃鱼不能翻转，还有筷子不能插在饭里等。③ 新湾的蜑家人，虽然普遍置有楼房，但有些老人迷信风水，怕死后"弄脏"儿孙的房屋，仍在河边搭棚架托起小艇居住。后来经过多次渔

---

① 2013 年 7 月 24 日访谈记录。

② 参见《东莞市海洋与渔业志》编纂委员会编《东莞市海洋与渔业志》，广东人民出版社，2014，第 166~167、164 页。

③ 参见广东省人民政府地方志办公室编《全粤村情·东莞市卷（一）》，华南理工大学出版社，2017，第 217 页。

港整治，这种现象于 2006 年才全部消失。①

（二）出行

渔民出江忌洗头，尤其忌讳看见妇人洗头，意为"身流水湿"，是沉船的凶兆。家中若遇生育或婚丧，对渔具和家人，都要用"净符水"驱邪，还要用一对金器、香烛及一条红布结于船头，纸钱则在船头烧化，方可开船出海。旧时，渔民出海会燃放爆竹，祈求大吉大利，晚近则以拜船头及拜神代替。渔船每逢到一个新码头或经过大桥下时，要向水中抛撒一些纸钱，作为买路钱和拜码头之用，或避开桥面上的衰气。渔船经过天后庙时，不能直接驶过，要在庙前转一圈以示朝拜。②

（三）生产

建造新船时，忌讳妇女上船，认为不吉利。庆贺新渔网启用及新船初次下水时，要择个"煞日"，以取其捕鱼、杀鱼，鱼遇"煞星"的意思。渔网等渔具忌妇女跨踏，晒网或补网时，忌生人尤其是妇人（特别是孕妇）从网上跨过。船头是最神圣的地方，不能践踏，怀孕妇女更不能跨越。③

---

① 参见《东莞市海洋与渔业志》编纂委员会编《东莞市海洋与渔业志》，广东人民出版社，2014，第 160 页。

② 参见《东莞市海洋与渔业志》编纂委员会编《东莞市海洋与渔业志》，广东人民出版社，2014，第 164~165、167 页。

③ 参见《东莞市海洋与渔业志》编纂委员会编《东莞市海洋与渔业志》，广东人民出版社，2014，第 164~165 页。

（四）喜丧

凡遇节庆或喜事，船头一律挂上一块红布，以表喜庆吉祥。凡参与白事、戴孝之人，不得动用别人的生产工具、不得过别人船。假如邻近的船户有丧事，其他船户便用麻包袋或竹箩包着船头，然后把船驶远，避免沾上不吉和霉运。[1]

（五）言语

在船上禁止说出"翻""沉""扣"等字眼，否则视为不吉利。遇到"翻"字要代之以"顺"字。如"翻转身"说成"顺转身"，把东西"翻过来"说成"顺过来"。新船下水忌说"落水"，要说"进水大吉"。"翻"与"帆"谐音，不说"扬帆"而说"驶利"（因"帆"音读"利"）。[2]

---

[1]　参见《东莞市海洋与渔业志》编纂委员会编《东莞市海洋与渔业志》，广东人民出版社，2014，第164~165页。

[2]　参见《东莞市海洋与渔业志》编纂委员会编《东莞市海洋与渔业志》，广东人民出版社，2014，第164~165页。

第六章　东莞疍家的过往今生

第一节　生存场域的历史浮沉①

一　从称呼变化来看

清朝等级制度森严，是一个特别讲究名分的朝代。在清代，广东移民、土地及其带来的社会问题更加尖锐复杂。在这种背景下，疍民的生活状况也发生了巨大的变化，有关疍民的记载较之以往任何朝代都多，有游记、方志甚至报刊文章等。这类文字所记载的事件似乎有一个共同之处，那就是描写疍民与陆上人的冲突变得越来越多，"蜑"逐渐为"蛋"和"蛋家贼"所取代。② 如果说明清时

---

① 本节部分内容曾以《东莞疍民的身份及处境的历史变迁》为题，载林有能、胡波、陈光良主编《疍民文化研究（三）——疍民文化学术研讨会论文集》（中山大学出版社，2018），收入本书时做了一些修改。

② 何家祥：《农耕他者的制造——重新审视广东"疍民歧视"》，《思想战线》2005 年第 5 期。

期蛋汉矛盾开始集中地爆发，那么从 1950 年以来，则又是逐渐寻求"蛋-汉"平等的过程。"1949 年以后中国在官方语境中，蛋民一般被称为'水上人家''连家船渔民'，努力回避带有歧视性的'蛋民'称谓。"① 从带动物性质偏旁的"蜑""蜒"等称呼到"水上居民""水上人民""渔民"的变迁，至少可以说明蛋民在身份认同上或没有明清时期那般焦虑。从蛋民到"围口人""渔民"的身份转变，从泛家浮宅到水栏寮篷，从松皮棚到渔民新村再到商品房，200多年来中国南部地区发生了天翻地覆的改变，特别是改革开放以来所带给蛋民生活的冲击与机会更是前所未有的。由于城市化、工业化进程的推进，蛋民这一群体正逐渐从人们的视线中隐去，部分水上居民或不愿意承认自己是蛋民的后代，其后辈也基本不了解他们这一代人的水上生活。他们自身基本"汉"化、"陆"化了，与一般陆上人家已很难分辨。蛋家的文化习俗渐与陆上相融，部分文化习俗亦面临消失的威胁，"接纳与被接纳""认同与被认同"曾在历史时空中发酵。

新中国成立后，蛋家人过上了好日子，其身份逐渐向现代"渔民""市民"转换。从事水上运输、捕捞的渔民，生活或许并不比岸上的农民差。20 世纪 80 年代初，渔业大队改革后，东莞渔民经济水平比过去有了大幅度提升，甚至成了先富起来的人群之一。"50年代，为发展生产，改善人民生活，人民政府带领渔民组织渔民协会，连年发放渔业贷款，帮助渔民恢复和发展生产，引导渔民组织互助组和合作社。1958 年成立渔业人民公社。改革开放后，实行不

---

① 李晶：《中日渔民社会——社会转型期湛江与石卷地区渔民社会的人类学民族志》，社会科学文献出版社，2021，第 168 页。

同形式的渔业生产责任制，渔业生产得到进一步发展。渔民收入迅速提高，人均收入从 1977 年的 284 元增加到 1997 年的 17220 元。"
"1981 年，新湾渔业公社已出现 32 户万元户，是改革开放后最早富起来的群体。"① 虎门地区新湾渔港向东管理区的水上居民的收入情况，据不完全统计，1981 年人均收入 800 元，劳动力平均收入为 1802 元；1986 年人均收入为 875 元，劳动力平均收入为 2185 元；1988 年人均收入为 1329 元，劳动力平均收入为 4000 ~ 5000 元。② "1997 年全镇金融机构储蓄存款余额 23400 万元，户均存款余额 69684 元，人均 18810 元，分别比改革开放前的 1978 年增长 687.2 倍、387.2 倍和 49.4 倍。"③ 虎门 D 叔回忆，1962 年那年农民饭不够吃，但是蛋民生活得不错，一个月有 38 斤口粮，还有鱼。1975 年，蛋民定居时，政府给了 80 万元补助，地也是政府给的，集体盖房集中居住。一户人家一间房 2400 元，每家自己拿出 600 元，政府补贴 1800 元。④ 这些平房是蛋民真正实现在陆上居住、从形式上实现登陆、与汉族其他群体共同生活在同一个系统当中的象征，如今部分平房已成为出租屋。又如麻涌地区的渔民，"解放后，他们先是成立了渔民组织渔队，后来改为渔（业）公社，渔（业）公社下辖若干渔队，每个渔队的人数一般在 40~70 人之间。渔队与所在地可能没有隶属关系，当时麻涌的渔队就属于太平渔（业）公社，虽然

---

① 《东莞市海洋与渔业志》编纂委员会编《东莞市海洋与渔业志》，广东人民出版社，2014，第 136、155 页。
② 参见黄新美《珠江口水上居民（蛋家）种族现状的研究》，《中山大学学报》（哲学社会科学版）1990 年第 2 期，第 102 页。
③ 《东莞市海洋与渔业志》编纂委员会编《东莞市海洋与渔业志》，广东人民出版社，2014，第 155 页。
④ 2013 年 7 月 24 日访谈记录。

是位于麻涌境内。渔队内部集体劳动、按劳分配，外部彼此协调、分区作业。……一般地说，渔民的收入比当时的农民要高，每月的收入在 50 元左右。"① 这种情况也可以从李晶对湛江硇洲岛蜑家人的田野调查中得到印证："虽然在官方文件中删除了蜑民或蜑家的字眼，但在蜑家人的心目中，在别人的眼里他们还是蜑家，但他们已经不是过去的蜑家了，他们的日子过得比硇洲岛的农民好得多。当时只允许渔民出海打鱼，而硇洲岛的渔民绝大部分是蜑家，蜑家成为人们羡慕的对象，直到 20 世纪 80 年代后期蜑家渔民的生活都比一般农民好。"② 只不过，这时的蜑民内涵也需重新界定了。

二　从工种转化来看

新中国成立前，东莞万江绝大部分人口以农业、渔业为主，但他们当中已有相当数量非农业人员，或从事家庭手工业加工爆竹，或做小贩，或在莞城当店员；在新村则从事加工腐竹、贩运火灰、开小摊档等工作。大汾亦有相当部分人做流动小贩或外出谋生当店员、教员等。③ 1950 年到 1955 年，虎门地区的渔业为个体分散经营阶段，蜑民（渔民）使用的船只全部是"连家艇"，各艇各户到处漂流谋生。三角洲河滩和海滩里围垦造田的工作大都是蜑民在从事。在各个三角洲附近的江河里，那些没有土地等生产资料的水上居民，

---

① 张振江、陈志伟：《麻涌民俗志：岭南水乡社会研究》，汕头大学出版社，2008，第 343 页。

② 李晶：《中日渔民社会——社会转型期湛江与石卷地区渔民社会的人类学民族志》，社会科学文献出版社，2021，第 139 页。

③ 参见《东莞市万江区志》编纂委员会编《东莞市万江区志》，中华书局，2010，第 136 页。

平常摇着平头艇，穿插于河、涌、湾、滘，来到各处村庄找活干。他们摇艇到哪里，就在哪里打零工。那时的工种是属于农业性质的，大致有筑堤围垦造田、种甘蔗、种慈姑、种藕、养鸭、灌泥施肥等。20世纪60年代中期至70年代末，随着经济的发展及社会结构的变迁，蛋民的职业也开始多样化起来，他们从事着一些现代工种，如服务行业、五金制造、机械及零件制造、起重操作等。[①]可以说，除了渔业和从事农耕还算保留下来，其他的诸如采珠业，采蚝、蚬为业，撑"横水渡"、充当"墟船""乡渡"渡工，充当水上流动商贩等，则早已远离东莞的蛋家人。曾经风生水起的莞草手工业也已淡出人们的视线，代之以爆竹、五金、服装等制造业。现在新湾一带纯粹是渔民，不再半耕半渔。一部分打鱼的，可到香港、深圳那边。据虎门阿叔们透露，有证出海的，有柴油差价补贴等一些生活补助。[②]

三　从生产方式来看

新中国成立以来，蛋家人陆续上岸。从20世纪50年代开始，政府关心蛋家渔民的生存状况，组织他们成立渔业大队。60年代初，政府在部分地区为蛋民上岸定居建造房屋，东莞蛋家渔民绝大多数过上了陆上定居的生活。在政府的帮助下，蛋家渔民的生活得到了较大的改善。原麻二运输队的 W 叔回想起当年的热闹辉煌，恬淡的神情中难掩自豪。他说，南坦路一直到江边的这一片空地是整

① 参见张寿祺《蛋家人》，香港中华书局，1991，第112~201页。

② 2013年7月24日访谈记录。

个麻涌最繁华热闹的地方。最鼎盛的时期，有两个发廊、一个餐厅（见图6-1、图6-2）。①

图6-1 麻涌南坦基原餐厅所在地（一）

图片来源：笔者摄。

图6-2 麻涌南坦基原餐厅所在地（二）

图片来源：笔者摄。

---

① 2013年7月27日访谈记录。

从图 6-1 右边这一片房子一直连到图 6-2 榕树左边都是当时的餐厅。

图 6-3　原麻涌港务局所在地（一）

图片来源：笔者摄。

图 6-4　原麻涌港务局所在地（二）

图片来源：笔者摄。

图 6-3 两栋楼中间、图 6-4 巷子过去就是原麻涌港务局所在地。香蕉是麻涌的主要农产品，远近闻名，远销苏联、日本等地。榕树后边那个屋子，是以前"苏联仓"（见图 6-5）的旧址，专门用来储放香蕉的。

图 6-5　"苏联仓"

图片来源：笔者摄。

　　改革开放以来，东莞地区进入了突飞猛进的工业化进程当中。从渔业生产责任制、个体或联营承包经营、联产承包责任制、投标经营形式到股份合作经营，沿海疍民所从事的渔业生产组织形式发生了翻天覆地的改变。在经济的其他领域也同样发生着巨大的变革，社会的生产经营方式发生了改变，人们的生活观念、生活方式也随着改变。身处思想大解放、经济社会大发展浪潮当中的疍家，自然也难以维系其传统的职业营生，必然也随着体制的变动而调适自身。

　　原疍家面临着珠江三角洲及东莞快速的城市化、工业化进程所带来的改变与机遇，同时也有困惑与迷茫。从某种程度上讲，"工业的春天"带来的却是"渔业的寒冬"。"进入90年代后，一方面由于环境污染加剧、水质急剧变差，祸及了渔业；另一方面由于过度捕捞，鱼类和虾类的种类、数量都急剧减少，渔业迅速萧条。部分麻涌渔民向太平、新湾等鱼产品较多的地方迁移，有些人就地转入了其他行业谋生。不论是在漳澎还是在麻涌的其他村寨，渔业都已经很难让人想起曾经的辉煌。"① 不独麻涌如此，翻开其他水乡的镇志，不时也会见到关于水体污染、渔业萎缩的文字。东莞疍家渔民响应党和政府的号召，部分从事捕捞者开始主动转产转业，上岸从事水上运输、水产养殖或水产品加工等行业。② 但实际情况并非那么顺利。"（20 世纪）80 年代后期，渔业大队开始实行承包制，把集体渔船承包给了渔民。渔民与市民一样经历了类似城市中的工人下岗另谋职业；农村实行土地承包制，部分渔民成为渔船的承租者，部分渔民成为为有船人打工的渔工。"③ 同时，部分渔民面临着生计维系、中年转业的困境。随着禁渔区的建立，原来在近海从事刺钓作业的渔船转移到中深海渔场生产，进一步加剧了传统作业渔船之间的竞争，捕捞渔场范围也在缩小。油价攀升，渔船捕捞作业成本骤增，导致经营亏损。渔船负债高，利息负担重，资金紧缺，工具残旧，影响了生产效率。以上各种因素迫使部分渔民转业。由于渔民整体上年龄偏大、文化水平低，竞争能力弱，难以在陆上立足生存等，相当一部分渔民走向贫困。④ 这也是部分渔民不想转业的客观和主观两个方面的原因。

传统的生产方式式微，伴随的是身份的转变及生活方式的转变。原来的疍家人逐渐远离了原有维持生计的行业，50 岁左右及年轻一

---

① 张振江、陈志伟：《麻涌民俗志：岭南水乡社会研究》，汕头大学出版社，2008，第 343 页。

② 参见《东莞市海洋与渔业志》编纂委员会编《东莞市海洋与渔业志》，广东人民出版社，2014，第 136 页。

③ 李晶：《中日渔民社会——社会转型期湛江与石卷地区渔民社会的人类学民族志》，社会科学文献出版社，2021，第 139 页。

④ 参见《东莞市海洋与渔业志》编纂委员会编《东莞市海洋与渔业志》，广东人民出版社，2014，第 156 页。

代的人，逐渐忘记了先辈们在水上奋斗的生活，甚至已无从知晓。部分六七十岁的老人家，只要不被问起，一般也很少谈起过往的辛酸与欢愉。住在原麻二运输队附近的阿婆已经八十几岁了。这几年，她目睹了很多人搬走，到东莞市区买房，只剩下一些老人家住在这里。村里的老年人活动中心因为成为危房，也已大门紧锁。麻涌中心小学的 M 老师回忆，1999 年他来到这里的时候，从旧麻涌八景的"魁楼远望"到"南坦禾云"，麻二运输队这一片还有很多蛋家船停靠，人也不少，很是热闹。如今，走进南坦路，不经意间便可看到"危房"的通告，据说政府有意把这里打造成创意休闲文化区。①

第二节 一个即将逝去的族群

诚如贺喜、科大卫所说："20 世纪中叶以后，变化加速，至世纪末，鲜有住在沿海湖畔的人继续保持他们祖辈的生活方式。""船居作为一种生活方式终结在 20 世纪末。其没落可追溯至三种广泛的变化：机械化、市场和船民迁移上岸。第一个与船只、拖网和捕鱼的技术变革有关；第二个与发展城市鱼市场的营销资本化有关；第三个与政府的城市规划、卫生、教育政策和户口登记有关。尽管这些变化在 20 世纪初期开始引人注意，但是在中国很多地方生根则花了整整一百年。"② 没有参照，就没有所谓的"中心"与"边缘"；

---

① 2013 年 7 月 27 日访谈记录。
② 贺喜、科大卫主编《浮生：水上人的历史人类学研究》，中西书局，2021，第405、404 页。

没有坐标,"你看我,我看你""自我与'他者'"的观察视角也不能得到很好的安立。从双重视角出发,来探寻疍家这一即将消逝的群体,或许能看到更加饱满与细腻的情态。

一 从外往里看:国家的制度安排

新中国成立后,党和政府于 1955 年正式认定疍民为汉族群体的一部分,积极鼓励水上人民当家做主。在党和政府的扶持下,疍家人拥有了自己的居住区域,平等地享有各项政治权利,真正成了国家的主人。"研究表明,疍民从一个松散的个体渔民族群转变成一个有集体意识的富裕的'现代渔民'群体,传统文化得以延续,就在于国家'制度的安排'。"[1] 从 1950 年至 1951 年,东莞县政府派出工作人员,先后在太平、石龙渔区发动贫苦渔民成立渔民协会,在县内各渔船停泊点成立渔民协会分会。1953 年开展渔区民主改革运动,组织贫苦渔民、渔工对渔霸和渔业资本家开展斗争。1954 年初,太平渔区出现了第一批渔民互助组。1963 年夏,东莞县渔业公社划分为太平、石龙、莞城三个渔业公社。1974 年 9 月,这三个渔业公社合并为新湾渔业人民公社。1984 年取消渔业公社,设区公所。1987 年撤区建镇,主要任务是组织渔民开展渔业生产。[2]

"疍民一旦定居于陆地,其生产方式和生活方式就完全发生了转变,其身份也就从自由自在的疍民变成了归属于某个地方政府管辖

---

[1] 李晶:《中日渔民社会——社会转型期湛江与石卷地区渔民社会的人类学民族志》,社会科学文献出版社,2021,第 210 页。

[2] 参见东莞市地方志编纂委员会编《东莞市志》,广东人民出版社,1995,第 325~326 页。

的渔民。一系列的合作化运动则彻底地将原来的疍民转化成了渔民。"① 在这个过程当中，制度性安排起了主导作用，对于疍民自身而言，更多的是一个被选择的过程。疍家人翻身做主人的生活得益于国家的制度安排，特别是"渔业大队成立以后，国家把疍家渔民整合成了一个'命运共同体''文化共同体''经济共同体'"，总体而言，"新中国成立以后，党和政府在对待疍家渔民的问题上，积累了丰富的经验，取得了巨大的成功。除了把一个有着悠久历史文化，但还是一个松散的族群整合成了一个具有很强凝聚力的族群外，还建构了以疍家渔民为主体的海洋渔民社会，而且这种社会形态持续了近 30 年。这 30 年海洋渔民社会稳定，社会矛盾冲突少，海洋渔民生活安定"②。

新中国成立后至今，疍家向其他社会群体证明了其自身的存在，同时在发展中也面临着一些问题。从实地走访来看，像 G 叔、H 叔这样的，过着一种较惬意生活的原疍家人或许不多。浮家泛宅，居水涯江畔，"上无片瓦，下无寸土"的疍家人，其在旧社会生活的困苦有史为证。虽然疍家人实现了陆居，也渐与陆上居民融为一体，甚至难以区分，但是否真的不再"晕"陆？从水上到渔业公社、国有企业，从沙田区到民田区、社区、街道的过程，疍民身份的印记仍然未全部褪去，只是随着代际传递而逐渐减弱，但或许可以说，其处境已比历史上任何时候都要好，然而代价或许是族群自身的消亡。"皮之不存，毛将焉附"？随着族群渐趋消亡，凝聚附着于其上

① 唐国建：《从疍民到"市民"——身份制与海洋渔民的代际流动》，《新疆社会科学》2011 年第 4 期，第 131 页。

② 李晶：《中日渔民社会——社会转型期湛江与石卷地区渔民社会的人类学民族志》，社会科学文献出版社，2021，第 139、211~212 页。

的独特生活习俗、民俗文化、人情观念也将面临消失的威胁。一个面临消亡的族群，其出路在哪？研究这个群体的历史过往与当下，挖掘其文化习俗的价值，绝不是为了把它变成化石或标本存封在博物馆里，而是希望能从其变迁及与社会经济文化互动的过程中来考察位于中国社会边缘部分的人们表达自我意识的途径，观察其如何在历史时空中重新确定自己的社会生活方式，如何不断调适自身身份角色，以获得国家及地方秩序中的正统、合理、合法"席位"。

二 从里往外看：文化自觉与"新"身份

随着经济社会地位的提升，文化建构上的努力，蜑家人遭受的社会歧视在减弱，蜑家人与陆上人的关系以及其内部的自我认同也发生了微妙的转变。从整合的族群关系理论来看，"歧视的程度决定了一个次级群体在文化、行为和组织中的保存或者是同化到主流社会中"。族群内部或族群之间的认同模式，比起族群理论要生动和复杂得多。"族群组织经常强调共同的继嗣和血缘，这样由于共同的祖先、历史和文化渊源而容易形成凝聚力强的群体。……文化渊源又是重要的族群边界和维持族群边界的要素。共同的历史记忆和遭遇是族群认同的基础要素。"① 如何看待蜑家人上岸定居后的"新"身份认同？其文化认同发生了怎样的变化？它牵涉到汉民族内部的多元性及其发展出来的边缘性问题。

蜑家族群是一个多元丰富的存在，其内部也有次级的小族群区

---

① 周大鸣：《论族群与族群关系》，《广西民族学院学报》（哲学社会科学版）2001 年第 2 期，第 24、16 页。

分，我们需要正视其内部的多样性。据曾惠娟的调研与观察，寮居
蛋民和陆居蛋民仍存在很大区别。"'寮居蛋民'实则处于从漂移到
定居之间的过渡阶段。此外，'寮居蛋民'又通过各种生存策略之施
展，把自己跟传统意义上的'艇居蛋民'区分开来，从而使二者具
有经济地位、风俗习惯、身份认同甚至是社会文化地位上的差异。"
她将陆居蛋民指称为由艇居蛋民通过入军籍、科举谋官、海盗、走
私、建立宗族等社会升迁的策略手段，作为一股社会暗流，最后成
功改变自我身份，成为民田区"埋边人"的部分蛋民；将艇居蛋民
指称为传统意义上浮家泛宅、以渔为业、漂泊不定的蛋民；将寮居
蛋民指称为在堤围上搭建茅寮居住的蛋民。"一方面，'寮居蛋民'
通过祖辈的教导，认识到举家迁移将带来的风险性，因而坚定了其
长久'定居'的决心。另一方面，他们亦发生了自我身份的重新定
位，他们将村中一处专门打鱼的居民——晒缯坊的蛋民定义为'他
者'，并认为只有渔民才是'漂泊不定'的群体，而自己却是世代
为农的耕者。这样意味着他们将自己定义为当地'稳定'的群
体。"① 而在贺喜看来，清代的材料讲的"罟棚"，岸上人就会联想
到它是水上组织，而水上人则认为自己是"半农半渔"的。"不要
简单地把'水上人'视为很贫穷的一群人，有些人其实很富裕。权
利的问题，并不是一个简单的贫富问题"，"在上岸的过程中，他们
是有很多种形态的，这取决于他们曾经的舟居经验，也取决于上岸
之后的周边社会是个什么样子。不是所有人都会把祠堂和宗族建成

---

① 曾惠娟：《蛋民之"家"及其关系之延伸》，载贺喜、科大卫主编《浮生：水
上人的历史人类学研究》，中西书局，2021，第324、323、325页。

一个样子，也不是所有人都要走向宗族的发展。"①

关于宗族意识、修族谱等行为在疍家人"新身份"认同过程中的存在样态及发挥的功能，刁统菊、佘康乐在《从"敬神"到"祭祖"：微山湖湖区渔民宗族文化的建构》一文中有周详的思考。不同于贺喜认为的，水上人上岸后建立宗族是他们文化上的选择，不是对环境改变的自然反应的观点，刁统菊、佘康乐以微村为例，认为"微村渔民上岸以后重构宗族文化，首先是出于上岸定居以后生活环境的改变，从这个角度而言，确实存在吸收、利用陆居农民的宗族传统来建构自身社会关系的可能；其次，生产环境虽然没有改变，但自然风险已经大大降低，因此渔民一方面对'根'的追求仍然非常强烈，另一方面也减轻了对行业保护神的依赖，可以利用原有文化传统进行宗族文化的重新建构"②。他们通过田野调查看到，"虽然微村渔民在上岸以前并没有产生具备完善和严密组织形式的宗族形态，但是宗族意识和宗族观念却以各种形式隐含在日常生活的方方面面；而在以父系血缘关系为标准的宗族关系中，则以新丁的行辈排列展现出一种原始的人伦秩序"③。另有学者认为："随着疍民陆居的普遍化，与汉族通婚也越来越普遍，传统的内婚制自然瓦解。同姓同宗的疍民还开始修纂族谱，鼎建祠堂。""陆居、内婚制瓦解

---

① 贺喜接受澎湃特约记者访谈时的观点，见贺喜、科大卫主编《浮生：水上人的历史人类学研究》，中西书局，2021，第387、389、391页。

② 刁统菊、佘康乐：《从"敬神"到"祭祖"：微山湖湖区渔民宗族文化的建构》，载贺喜、科大卫主编《浮生：水上人的历史人类学研究》，中西书局，2021，第250页。

③ 刁统菊、佘康乐：《从"敬神"到"祭祖"：微山湖湖区渔民宗族文化的建构》，载贺喜、科大卫主编《浮生：水上人的历史人类学研究》，中西书局，2021，第257页。

和修谱建祠昭示了疍民在生活方式、生产劳动、风俗习惯诸方面区别于汉族的'最后防线'已经不复存在，标志着疍民'汉化'进程的最后完成。"① 或许，这是一种比较"绝对"的观点。

李晶在广东湛江的田野调查表明："现在有一个新动向，老一辈疍民开始欢迎人们称呼他们为疍民。……这背后隐含了社会转型期当中渔民社会变迁的博弈。在他们的意识中，疍民是传统的渔民，是正宗的渔民，他们应该享受国家对待少数民族那样的保护待遇。他们不再考虑历史，不再回避疍民的称谓，他们开始公开声称自己是疍民。企水的情况也是这样，有些疍民大户不但不回避自己的疍民身份，还希望通过族人的祭祀活动、修订家谱等方式，彰显自己的疍民身份。通过彰显疍民身份，他们来确立'自者'与'他者'的不同，意在强调他们'疍民'的特殊身份。""乌石地区的疍民，原本不愿意被人称为'疍民'，现在能欣然接受人们对其疍民的称呼。本地区的一些非疍民看到了'疍民'称谓在经营海产品方面的魅力，纷纷开起了疍家渔排、疍家餐厅，扩大了疍家的影响，同时也宣传了疍家。真正的疍民也从中看到了疍民称谓的社会价值，他们不再回避疍民的称谓。不仅如此，有一部分疍民还在努力扩大疍民的影响力。外罗的疍民比较集中，有几个疍民家族人数比较多，来到外罗落户的历史也比较长，有些家族完好地保留了家族的族谱。随着渔民社会的变迁，疍民与陆上的汉族在生活方式上越来越接近，但在族群认同方面仍然保持距离。"②

---

① 李健民：《闽东疍民的由来与变迁》，《宁德师专学报》（哲学社会科学版）2009 年第 2 期，第 41 页。

② 李晶：《中日渔民社会——社会转型期湛江与石卷地区渔民社会的人类学民族志》，社会科学文献出版社，2021，第 167~168、169 页。

回看东莞的疍家人，据张振江于 2007 年和 2013 年在东莞麻涌镇漳澎村的田野调查，该村的众多村民愿意承认自己是疍民或者疍民后代的极为罕见。这种情况并没有什么特别之处，因为珠江三角洲各地都是如此。他们发现，历史上的漳澎、麻涌的其他地方村落以及东莞其他各处，疍民歧视是曾经广泛存在的。由于种种原因，历史上的疍民的后代几乎已经全部被同化为广府人，几乎没有人承认自己本来是疍家的历史渊源了。不过，麻涌境内的许多老人对疍民及其生活习俗还有清楚的历史记忆。许多老人回忆，迟至 20 世纪六七十年代，每到黄昏漳澎村内仍然到处都是"咸水歌"，村里的几处地方仍被公认为是历史上的疍民居住的。调研的时候，他们发现村内有少数仍旧以打鱼为生的未上岸的渔民，还是敢于承认自己就是疍民的后代。不过这些渔民普遍认为自己现在已经是广府人，只不过是以打鱼为生的，而不是种地的广府人。其理由很简单：从吃喝拉撒到衣食住行各个方面，"我们现在跟村里的其他人都是一样的"。张振江认为，这种认同显然是文化变迁之后人群再认同的结果，而不再反映其本来的族群属性。①

在走访的过程中，沙田镇一个女性受访者表示，在很长一段时间里她都不知道自己的爷爷是在水上生活过的人，老人家平日里也不跟子孙谈起这一点，大概老一辈人经历过的艰辛与屈辱都沉埋在心底。因为对疍家文化的发掘保护，她在问了老人家之后才知道自己原来也是疍家的后人。不过，她说她以自己为疍家的后代而自豪，其讲述时的欣喜雀跃之情油然而生。同时在场的几名"80后"，也

---

① 参见张振江《流水·坊巷·人家——村落漳澎的人类学景观》，中山大学出版社，2014，第 17、21 页。

是疍家人的后代，对于其祖上的疍家身份及自身为疍家的后代这一点有深切的认同感。① 就中堂红锋社区这个"纯疍民"聚落来讲，"疍家及其后代"的身份则是不言自明甚至可能更是无须掩饰的。时移世易，祖孙两代对于疍家人的认同及情感已悄然发生了改变。或许他们所认识和理解的"疍民"是截然不同的，至少是有位移的，这似乎也正是疍家身份及处境历史变迁的必然结果。

"随着人口流动、族际通婚、宗教信仰改变等社会变动，族群的内涵与边界也处在变化之中。一个族群的'族群'意识的强弱也会随着客观环境的变化而变化。这个过程会导致两种情况出现：一是许多人口规模小的群体，其第二代、第三代移民会逐渐忘记本族群的语言乃至文化转而认同他们所置身的主体族群；一是在主体族群的包围下，少数群体仍然顽强地保存着自己的语言和文化。前者属于族群关系研究的一个传统内容，即文化涵化；后一种是抗拒涵化的现象。"② 以此为观照，部分解释了东莞老一辈疍家人和其子孙后辈之间对于"疍家"身份的不同体认，以及在不断与当时、当地社会生态相调适的过程中，逐步融入主体族群的情形。或许也印证了"文化是维持族群边界的基础"③ 这一理论观点。时下，东莞"疍家人"的共同记忆又有哪些？疍家文化在新时代中又将扮演怎样的角色？

① 2013 年 7 月 4 日访谈记录。
② 周大鸣：《关于中国族群研究的若干问题》，《广西民族大学学报》（哲学社会科学版）2009 年第 2 期，第 4 页。
③ 参见周大鸣《论族群与族群关系》，《广西民族学院学报》（哲学社会科学版）2001 年第 2 期，第 17 页。

第三节 东莞疍家文化的蜕变

东莞是岭南文化发源地之一,拥有 5000 多年文明史、近 1700 年建县史、超 1200 年建城史。历史上,东莞疍家曾与江海长久地共生,对岭南的经济、社会、文化发展做出了不少贡献。在与江河湖海相处的过程中,疍家人凝聚了具有海洋文化品格的疍家特色文化。从海洋文化的视野出发来观察东莞疍家文化,能得到更为立体充实的理解。

一 疍家文化的海洋印记

疍家文化是东莞历史文化的组成部分,是岭南海洋文化的有机构成。"海洋文化"最早出自黑格尔《历史哲学》一书中对世界文化的定义与划分。对其内涵与外延的界定,学界存在多种看法。曲金良等提出,海洋文化是人类缘于海洋而生成的文化,是缘于海洋而创造出来的物质的、精神的、制度的、社会的文明生活内涵。[①] 也可以说,它是人类在漫长的历史发展过程中与海洋共生的实践,如耕海、海上贸易、海外移民、海洋文化交流等活动所创造的物质文化、精神文化和制度文化的总和。关于岭南文化的理解与界定,学界在一段时间内曾将其限定为边缘型文化,在一定历史时期内具有不可抹杀的意义。然而,以一种明清之际基本成熟的文化类型为依据来确定区域文化的做法,也有其局限性,最突出的一点便是"海

---

① 参见曲金良等《中国海洋文化基础理论研究》,海洋出版社,2014。

洋"视角的缺位，以及对"中心"与"边缘"动态观察的不足。岭南文化是南越本土文化、中原文化和海洋文化三者的融合。于岭南而言，"海"与"岭"同样重要；于疍家而言，"海"与"水"是安身立命之本。莞邑先民濒海而居，向海而生的生产、商贸、行旅鲜活而深沉。丰富的水文地理条件，发达便捷的水上运输枢纽，为东莞孕育海洋文化提供了物质基础与客观条件，东莞海洋文化渐至滥觞。疍家，这个天然与海、与水有着不解之缘的群体，承载着海洋文化的精神内涵，创造了与疍家生活息息相关的海洋文化遗产[①]。

二 东莞疍家文化的保育

天然带有海洋文化因子的东莞疍家文化，正以新的面貌呈现在世人面前。东莞市委、市政府及沙田、虎门、中堂、道滘、厚街、万江等相关镇街为保护疍家文化做出了不懈的努力。一部分东莞原疍家人及其后代也慢慢有了传承疍家文化的自觉意识，并付诸行动。

（一）搭建场馆，助推疍家文化展示和传播

为保护和传承疍家传统文化，2007 年 10 月 25 日东莞市沙田镇水乡文化博物馆正式成立，开始展示疍家民俗文化。馆中陈列了渔船、疍民服饰（大尾衫、佩饰银链等）、工具麻篮、咸水歌旧歌书、插秧劳动用具、莞草编织工具，以及按实物比例建造的疍家艇和茅寮等疍家物品近 500 件。特别是 2020 年 12 月 6 日建成的沙田文化艺

---

① "海洋文化遗产"是指历史上遗存下来的具有文化、社会、经济或政治价值的与海洋有关的遗迹，是承载海洋文化的重要载体，在沿海经济社会文化中发挥着重要作用。

术中心（岭南疍民文化馆），该中心目前已成为广东省疍民文化研究会的研究基地，是华南地区唯一一个系统性地展出岭南疍民文化的综合性场馆，是省内为数不多的系统全面展示岭南疍民历史文化的示范性场馆，也是以疍民文化为载体的新型文化空间。2015 年 11 月，虎门镇新湾社区成立疍家文化保育工作小组和志愿者组织，筹建新湾疍家文化展示馆。随后，该馆选址在社区居委会文化楼二楼，面积 200 平方米，集中展示新湾疍家的传统居住、饮食、服饰、喜庆、丧葬、信仰、禁忌等风情习俗，并于 2017 年 6 月 30 日正式对外开放。① 该馆分为"历史传承展馆"和"文化体验馆"两个展馆。前者通过图文和上百件疍家古物展示新湾的历史变迁以及疍家人的风俗人情；后者通过让观众观看疍家文化习俗视频短片，参与手工织网、制作渔船模型等环节，增强参观者的互动体验，让观众真切地感受到疍家人的生活习俗。新湾疍家文化展示馆多角度、多方位地展示了新湾疍家文化的历史演变和疍家人独特的民风习俗与精神风貌。

（二）多管齐下，开展形式多样的文化活动

沙田文化艺术中心（岭南疍民文化馆）采用灵活多样的方式保护及传播疍家文化。比如，推出"疍民故事我来讲""沉浸式游馆体验活动""疍家风情展览展演""火柴盒音乐会"，以及一系列文化季风物等活动。结合疍家文化，相继打造了"文化轻骑兵""周六学堂"等一批别具特色的品牌活动。同时，开展疍家文化馆校共建和小小讲解员志愿服务活动。以流动展板配合讲座的形式，将疍家文化展览和文化产品送进校园，让中华优秀传统文化以全新姿态

---

① 参见《虎门年鉴》（2016、2017、2018）。

"动起来"和"活起来"。小小讲解员们也化身为沙田传统文化的传承者与传播者，为观众讲解疍家文化，增强了对家乡文化的自豪与自信。

虎门新湾社区打造了"渔民文化节"（"疍家文化节"）、"渔歌大赛"、"新湾疍家咸水歌分享会"、"织渔网比赛"等文化品牌活动。如 2020 年，新湾社区联合虎门镇社会事务局、宣教文体局、正阳社会工作服务中心、边防派出所等单位举办了"第十届疍家文化节"文化品牌活动。同年 9 月，"新湾疍家文化展"在东莞市文化馆虎门分馆展出；11 月，新湾疍家文化队走进粤晖园，开展为期 4 天的疍家文化研学体验活动。此外，新湾疍家文化展示馆还大力支持"深圳特区建立 40 周年展览"，受到多方称赞。① 2021 年 9 月，新湾社区举办了"疍家渔民心向党 颂歌齐唱庆百年——新湾疍家咸水歌分享会"，让更多的人参与进来，了解咸水歌，将富有疍家文化内涵的音乐艺术传播开去，以便更好地保护与传承疍家文化，从而实现新湾社区的可持续发展。

（三）多方协力，增强疍家文化保育力度

除了打造别具特色的疍家文化品牌活动之外，为抢救性保护疍家文化，东莞还大力开展疍家文化传承研究。如沙田镇为推动文化品牌活动的发展，擦亮"疍家文化"这张名片，组织非物质文化遗产代表性传承人和相关文化工作者对咸水歌进行重新创编创作，融入现代生活元素，推出一系列文艺精品。用心打造每年一届的"咸水歌会"，更好地对外展示沙田咸水歌的艺术魅力，实现沙田咸水歌

---

① 参见《虎门年鉴》（2021）。

的保护传承与创新发展。截至 2023 年底，该镇已经举办了 13 届咸水歌会、3 期"新编咸水歌艺术赏析"。近些年，陆续举办了"沙田咸水歌精品赏析"、"沙田镇原生态咸水歌演唱体验活动"、"沙田镇原生态咸水歌交流活动"、"'艺心向党'咸水歌音乐快闪活动"、"沙田咸水歌音乐沙龙"、"新编咸水歌演唱学习体验活动""沙田镇咸水歌音乐艺术分享会"等。同时开展相关公益培训、讲座和展览，如 2022 年的"艺启乐"公益培训（沙田咸水歌演唱艺术），2023 年的《赓续文脉 传承创新——疍家服饰与海洋文化融合创新的艺术创作》讲座、《疍家往事》创意沙画展演、"'疍家古韵 时代新赏'——非遗美学作品主题特展"等。此外，还加大对沙田传统文化的挖掘和保育力度，深入开展疍家人物访谈、疍家文物收集、疍家历史挖掘，并以书籍等形式呈现给市民大众。出版了《莞脉·沙田疍民口述史》一书，系统梳理了沙田疍家口口相传的历史素材，提炼出沙田疍家的人文精神和时代价值。

此外，2014 年广东省疍民文化研究会在沙田筹备组建，开展了一系列的疍民文化保育和研究工作，并将岭南疍民文化研讨成果结集成册，在省市媒体、周边省市基地、院校等传播推介。通过有形和无形的载体，将疍家文化更好地呈现出来，全力推向更加开阔的世界。

三 东莞疍家文化的活化

近年来，东莞市在增强疍家文化保育力度的同时，也进一步推进疍家文化的活化。在东莞疍家文化的挖掘、保护、传承与应用过程中，政府与民间达成了不少共识，促成了一些疍家文化活化项目的落地开花。东莞市沙田镇依托穗丰年水道人工半岛上的沙田文化艺术中心（岭南疍民文化馆），着力打造文化综合体，不断拓展文旅消费新业态的载体。坚持打响疍民文化季、"船说"水幕光影秀等活动品牌，为广大观众带来富有浓郁疍家风情、水乡特色和现代科技感的文化盛宴。2022年初，以了解疍家文化历史、体验疍家人文生活为核心，围绕沙田文化艺术中心（岭南疍民文化馆），构建了68栋临水现代寮屋。通过灯光、水雾等现代科技手段进行观感与体验上的夜景提升，让沙田旅游资源再添夜游景点。重新梳理了龙舟文化、莞草文化等本土文化的内涵，打造了"沙田印象·文化四季"品牌，通过精品赏析、实景体验、线上线下展演等形式，让群众在通俗易懂的讲解、互动好玩的活动中感受沙田文化艺术中心（岭南疍民文化馆）的活动新场景。同时，全面开展抢救、保护莞草文化行动，推动莞草种植编织产业化，并规划建设了1500亩莞草文化园，设立莞草文化科普长廊、莞草工作坊和莞草文创展销区，申请了莞草文创品牌商标"莞编坊"，推出了莞草沙发、莞草画等文创产品。如今，到沙田种莞草、编莞草、买莞草产品，成为研学旅行的新选择。此外，把沙田文化艺术中心（岭南疍民文化馆）作为文旅消费新业态场景的中心圆，结合附近湿地公园河道游船文化观赏项目和海鲜长廊等消费项目，串联起穗丰年水道湿地公园、西太隆河活力水岸、莞草种植基地，点亮疍家文化元素，实现文旅融合发展，逐渐成为东莞乃至珠江三角洲文旅消费新业态的热门场景。①

随着《广东省现代渔业发展"十三五"规划》的实施，休闲

---

①　根据沙田文化艺术中心（岭南疍民文化馆）提供的资料重新整理。

观光渔业成为渔业结构调整的重点方向之一。中华人民共和国农业农村部印发的《"十四五"全国渔业发展规划》（农渔发〔2021〕28号）中指出，要发展休闲渔业和保护传承渔文化。加大渔业民俗节庆、渔事活动、遗迹遗产等推介力度，满足市场休闲消费需求。加强渔具渔法、村落建筑、风俗信仰、民间艺术、饮食服饰等物质和非物质文化遗产的挖掘、搜集、整理和保存。《广东省休闲渔业发展规划（2021—2030年）》中提出，通过资源优化配置，主动将渔业与休闲娱乐、观赏旅游、生态建设、文化传承、科学普及以及餐饮美食等有机结合，向社会提供满足人们休闲需求的产品和服务，实现一二三产业融合发展。近年来，虎门新湾积极探索"产业+旅游"之路，助力疍家渔民转型。如举行"疍家文化美食展"，并采用手绘动漫的形式制作"新湾旅游地图"，精选出一批新湾特色海鲜大排档和疍家特色小吃店，尝试从产业转型和品牌打造的方向寻求发展。由虎门渔家水产品农民专业合作社创立的"新湾渔家"品牌系列海产品，实现了文化赋能。另外，还有渔民将相关的手艺转化为工艺品（如"抛渔艇""拖网船"模型），实现了疍家文化的灵活应用。当地部门希望能依托自然资源禀赋和疍家文化特色，探索现代休闲渔业等渔区特色经济发展之路，将新湾渔村打造成一个特色旅游景点，促进与海相依、靠海为生的疍家渔民转型。

历史上，即使曾经备受歧视与排挤，东莞疍家对王朝国家及珠江三角洲的开发与发展也做出了不可忽视的贡献。及至近现代，东莞疍家也参与到中华民族波澜壮阔的历史进程当中。除了步入抵御外侮、保家卫国的行列，在"睁眼看世界"、"中西文明碰撞交流"

的际遇中，"水上人在海洋贸易中担演的角色，比谁都要'前沿'"，在中外交往的过程中，他们"学会了好些西方知识，接触到不少西方事物"。① 疍家人长袖善舞，为中国对外商贸、海上丝绸之路的发展贡献了自己的力量。② 疍家人的坚毅、隐忍、奋发、勤劳、淳朴、善良等精神品质也熔铸在疍家文化之中，在新时代中探索新的作为。

① 程美宝：《遇见黄东：18—19世纪珠江口的小人物与大世界》，北京师范大学出版社，2021，第195页。
② 参见胡波《疍民与明清时期的海上贸易》，载林有能、胡波、陈光良主编《疍民文化研究（三）——疍民文化学术研讨会论文集》，中山大学出版社，2018，第2~10页；李明山《东南沿海疍民与海上丝绸之路》，载林有能、胡波、陈光良主编《疍民文化研究（三）——疍民文化学术研讨会论文集》，中山大学出版社，2018，第67~75页。

结　语

当原来处于"周边"状态的疍家人上岸后，除了物质生活，其精神世界、价值观念、身份认同是否已融入"中心"？"在研究一个地域性多族群聚居的社会时，梳理族群之间的关系交往模式，如彼此的认同或边界，也是对一个地区的历史演变的叙事。"① 或许，疍家的意义并不在于他是否作为一个"族体"而存在，而在于他在这一地区内在的文化逻辑与变迁机制中所扮演的重要角色。② 随着社会变迁，疍家的传统生产生活方式已经改变，但他们"共同的历史记忆和遭遇"仍或深或浅地存留着，在因缘成熟时，又会若隐若现地被重新唤醒。

在政治和经济的双重作用力的推动下，身份的转化、职业的转变、政府的帮助、生活条件的改善、活动范围的扩大等都为疍家创造了前所未有的机会。作为曾经相对弱势的社会群体，疍家寻求某

---

① 周大鸣：《关于中国族群研究的若干问题》，《广西民族大学学报》（哲学社会科学版）2009 年第 2 期，第 6 页。

② 参见黄向春《从疍民研究看中国民族史与族群研究的百年探索》，《广西民族研究》2008 年第 4 期。

种社会方面的关注和认同是符合需求的。从东莞疍家文化现有发展的情况来看，其原有文化的再生产与创造已成为不可避免的趋势。而这一趋势在现代社会，通过官方和民间更大力度的共同作用，以更为丰富的内涵和表现特征展现在世人面前，疍家文化的发展从而也获得了新生的力量。

当下，"疍民""疍家"称呼重新被激活，除了官方、民间均大大方方地加以使用之外，原疍家及其后代似也乐见其成，甚至还带来了一定的文化名片效应和社会经济效益。通过对一些地方文献的整理研究和对口述历史、影音媒介的记录保存，借由非物质文化遗产的保护与活化，借助公共文化服务的平台与载体，经由文化旅游线路和项目的开发，以及多方媒体的传播推广等，东莞疍家文化似乎也找到了通往未来的路径。它们也将传承东莞疍家曾经共同的族群记忆，塑造新时代的文化认同与价值共识。由此可见，东莞疍家族群的共同记忆与文化认同是一个动态的、开放的结构，新的时代、新的元素将不断交融汇聚。我们似乎看到了其在历史浮沉中苍茫凝重的孑然背影与柔韧不拔的生命意志。濒水而居、向海而生的生命情态将被重新点燃，扬帆远航。

附录一　东莞原疍家访谈纪要

笔者主持 2012 年度广东省哲学社会科学"十二五"规划地方历史文化特色项目"东莞水上居民（疍民）研究"期间，课题组曾于 2013 年 7 月走访了沙田镇坭洲岛、南新洲村民小组、虎门镇新兴村、渔港村的部分疍家人。之后笔者又走访了麻涌镇原麻二运输队、麻四社区、东城街道鳌峙塘社区等地。2020 年 11 月，赴中堂镇红锋社区实地调研。在此将了解到的东莞疍家情况以及相关历史文献加以梳理呈现。

1. G 叔

G 叔是东莞沙田人，签约画家，平时画画，采风、写生，有自己的工作室，偶尔陪着妻子一起划船，优哉游哉。①

2. H 叔

H 叔是东莞沙田咸水歌非物质文化遗产代表性传承人，他的孙子辈中有考上北京师范大学的，有考上东莞理工学院的，这让他感到很欣慰，很自豪。他平时演唱、创作、传授咸水歌，偶尔跟研究

---

① 2013 年 7 月 4 日访谈记录。

咸水歌的学者交流，不时接受采访等，日子过得丰富而自得。①

3. D 叔

虎门的 D 叔有个著书立说的心愿，打算将水上文化记录、保存、传承下来。他说，现在（2013 年）的渔民年轻的也都 50 岁左右了，再年轻的都不是渔民了。渔民的儿子都不了解父辈们的水上生活。"我的儿子四十几岁，都不知道以前的东西。水上文化，我的儿子都忘记了。如果不做整理，过 3 年可能就没有了。退休后，有人叫我写本《渔民生活变迁史》。当时没有时间，嫌麻烦。我曾设想从解放前的中堂一路写过来，一直描述到现在。咸水歌已经有了，但是水上文化还缺，可以写成一本书，然后拍成电视剧。之前有《南海潮》（蔡楚生、陈残云、王为一编剧），里面有涉及一部分。"② 这不禁让人想起东莞理工学院毕业的阮健恒，他拍摄了以虎门渔民为主题的纪录片《沉渔》，该片曾获得第七届 FIRST 青年电影展学生电影竞赛单元最佳纪录片的殊荣。另有由虎门镇人民政府出品、虎门镇宣教文体局制片、东莞广播电视台摄制的虎门疍家文化纪录片《追寻——关于虎门疍家渔民的历史记忆》，该片从疍家文化的起源、疍家渔民的生产生活特点、习俗以及生活现状等多方面介绍了疍家文化。③ 这些都是保护疍家文化的方式。

4. W 叔

麻涌的 W 叔曾见证了原麻涌最繁华的地方及原麻二运输队昔日的辉煌。此地现虽已萧条，但老人家也不舍得离开。现在 W 叔每月

---

① 2013 年 7 月 4 日访谈记录。

② 2013 年 7 月 4 日访谈记录。

③ 《虎门年鉴》（2019）。

有 2000 多元的退休金，女儿负责照顾他，也是优哉度日，安享晚年。①

5. Z 叔、W 姨夫妇

东莞东城街道 Z 叔的"家"就是停泊在东江南支流上的一艘水泥船。水泥船用绳子拴在绿道旁边的铁栏杆上，边上还停靠着 3 条接驳的附属小船，用于来回岸上或出去捕鱼。靠近绿道的堤岸边有一小块土地，地上垒着个小柴堆，有一个鸡窝棚，几只母鸡在啄食。一条大黄狗在船上的水泥地上来回走动，看到有陌生人，不时盯着。据鳌峙塘村里敦和路一个 60 来岁的婆婆说，偶尔会碰到 Z 叔他们上岸来买点菜。

据 Z 叔自己讲述，他们夫妻俩 1996 年便从新湾过来了，在陆地上没有土地和房子，一直住在船上，一住就是二十几年。Z 叔有 1 个哥哥、1 个弟弟、2 个姐姐和 1 个妹妹。大哥去世了，弟弟去了陆丰养鱼塘。母亲还健在，今年（2013 年）91 岁了，住在虎门新湾新石村。Z 叔的父亲原来有一间 30 平方米的房子，后来迁入新湾，政府返回 31 平方米，现在老母亲住的地方有 33 平方米。本来三兄弟负责照顾她。现在大哥不在了，就和弟弟两家轮流照看，每户半个月。轮到他们时，W 姨就会放下手头的事，坐车去虎门照顾老人家。W 姨说，他们 1980 年结婚，当年第一个儿子便出生了。2000 年，孙女出生了。小儿子现在在鳌峙塘村里做事，有时回来吃饭。儿子住在工作的地方的宿舍。

鳌峙塘这片水域的休渔期从 4 月 1 日起至 6 月 1 日，共 2 个月，Z 叔捕鱼的范围大概不超过方圆 1 公里，从左边的大桥到石龙那边

---

① 2013 年 7 月 27 日访谈记录。

的水厂。夫妻俩每月仅靠每人 568 元的养老金生活，再加上抓点小鱼，卖点渔获，在局促的堤岸上养点鸡，种点菜，充其量也不过如此。一遇到雨季或涨水的时候，岸边的那点营生也难以为继，生活较辛苦，解决养老问题或许是横在他们眼前的一件要事。①

6. 补网的阿叔

在虎门渔港村走访时，正值休渔期（从 5 月 15 日起至 8 月 31 日，共两个半月）的一个雨天。一个渔民在修补渔网，当被问及岸上是否有住处时，他苦笑着拉长了音调：有——有 3 个钉子。船上有一台电视机，一条黄狗。②

7. 立沙岛搬迁的渔民

随着东莞经济社会转型的逐步深入，东莞水上人家居住的地区部分也被改作他用。沙田镇立沙岛作为虎门港的作业区之一，将被建成精细化工产业集聚区，岛上的居民已全部转移。大部分原蛋家人已步入"知天命"的年岁，人过半百，重新择业、创业并不容易，孩子的读书也是问题，确有生活压力。③

8. 中堂镇红锋社区

历史上中堂红锋社区居民都属于"水上人家"，立村后，他们由水上居住逐渐变为陆地居住。"改革开放之前，村民世代居所为船艇，偶有在江边搭竹木棚栖身。2006 年 12 月，最后一批以船为家的渔民 57 户，入住东莞市解困房。"④ 2008 年，已建民宅 200 多座，

---

① 2013 年 8 月 2 日访谈记录。
② 2013 年 7 月 24 日访谈记录。
③ 2013 年 7 月 4 日访谈记录。
④ 广东省人民政府地方志办公室编《全粤村情·东莞市卷（四）》，华南理工大学出版社，2017，第 91 页。

村内水、电、道路等设施完善。当年，社区无一人居住在船中。[①] 据介绍，历史上渔民出海归来避风停歇，因为中堂镇地里有沙，船开不了了，自然而然便驻扎在红锋。这里的渔民跟虎门新湾的渔民是亲戚，会有联谊。目前居民的船主要用于运沙石。社区共有19条打鱼的小艇，渔民也老了，不能出去打工，主要是帮补家庭收入。渔获基本在村里出售，售价1元/斤左右。村民主要姓张，另外有少数人姓梁等姓氏。村里蛋家没有祠堂和村志。宗教信仰方面，主要是祭祀妈祖和观音。2006~2007年修建了观音庙，2018年村里帮忙出资，又加以翻新。村民一般在春节、清明节、重阳节等节日到庙里祭拜。音乐方面，有一个妇女会唱木鱼歌。村民收入其实还不错，但是集体收入较低，在东莞市所有村（社区）中排名很靠后。文化活动方面，有文化广场、篮球场、公园、老年人活动中心各1个，农家书屋和电子阅览室1间，地方虽然不大，但该有的都有了。文化活动类型主要由市文广旅体局、文化馆"送菜单"，村民主要是去镇里和市里面参加文化活动。每个月都组织志愿者去参加城市洁净日活动。2011年12月，被广东省爱国卫生运动委员会评为"广东省卫生村"。每年村里有举办"三八"节、"五一"劳动节、老年节等重大喜庆节日活动。端午节期间划龙舟，春节期间村里举办篮球比赛，虽然成绩一般，但村民还是很积极地参与。目前没有开展渔民特色活动，因为原来政府安置住房的时候，每家居住面积为45平方米，没有地方可以保存生产工具。关于文旅开发方面，厚街商会曾来调研过，得出的结论是这里改造不了。因为邻近海边水域50

---

① 参见《东莞市中堂镇志》编纂委员会编《东莞市中堂镇志》，广东人民出版社，2012，第109、105页。

米，太靠海了，而且没有土地。①

图附 1-附 2　红锋社区的疍家船

图附 3-附 4　红锋社区原疍家妇女（补渔网的阿婆）

图附 5　红锋社区港湾、陆上住宅及沿岸景观　　图附 6　红锋社区观音庙

① 2020 年 11 月 24 日调研记录。

图附 7　住宅大门口的神龛　　　　图附 8　住宅阳台上悬挂的水葫芦

以上图片来源：笔者摄。

附录二 走访地建置沿革述略[①]

一 沙田镇

1. 沙田建置

两百多年前，广州中堂司（麻涌）人在立沙洲，厚街军铺人在杨公洲，厚街桥头人在西太隆、义沙，虎门镇口人在稔洲等地筑围造田，此后逐步吸引一些水上人家（疍家）和番禺、中山、顺德等地农民到沙田定居立村。因为筑围造田均由业主自行管理，所以沙田直至新中国成立前是由虎门、厚街、麻涌等地多方管治的。

1953年1月，将原来的第九区改为第十一区（即万顷沙、南沙等地），同年7月划给新建的珠海县。

---

① 根据《东莞市志》《东莞市沙田镇志》《东莞市虎门镇志》《东莞市麻涌镇志》《东莞市东城区志》《东莞市中堂镇志》《东莞市石龙镇志》《麻二村百年记事》《麻涌民俗志——岭南水乡社会研究》《虎门镇新兴村志》《全粤村情·东莞市卷》等资料，对照实地走访情况归纳整理而成。此外，走访的对象基本出生于20世纪40年代，因此走访地点建置沿革从新中国成立后开始梳理。

1955 年 11 月将第十一区改称沙田区。

1957 年 3 月撤区并大乡，撤销了沙田区，将沙田区划入虎门乡管辖，其中立沙划入漳澎乡管辖。

1958 年 9 月，沙田属虎门人民公社管辖，其中立沙属麻涌公社管辖。

1960 年 4 月至 1961 年 6 月将沙田片、新沙片、大洲片划到厚街公社。稔洲仍属虎门公社，立沙仍属麻涌公社。

1961 年 6 月成立沙田人民公社，管辖沙田片、新沙片、大洲片和立沙片等。

1983 年 9 月撤销人民公社建制，设立沙田区公所，辖下 15 个乡改称管理区。横流圩成立横流镇人民政府。

1987 年 4 月撤销区建制，设立镇建制，成立沙田镇人民政府，辖下 15 个乡改称管理区。横流镇人民政府改称横流居民管理区。

1988 年 1 月东莞升格为地级市。沙田镇政府直属市政府领导。

1998 年撤销下属管理区名称，改称为村（居）民委员会。

2. 坭洲岛

坭洲村东与洪梅镇一河之隔，南濒临东江南支流出海口处，西濒临珠江，下辖南新洲、向阳、新村、泥中、日田、泥尾 6 个自然村。

3. 南新洲村民小组

相传 150 年前，此地是烂滩，有几户水上人家，因海上谋生艰辛，难维持生计，便上岸筑堤造田立村。因村新建在坭洲岛的南端，故名南新洲。村民现以务农为主，闲时出海捕捞鱼虾，兼做个体运输等。水路交通方便，沿珠江、东江可航行至各地。

二　虎门镇

1. 新湾镇

新湾原来是牛头山下一片荒滩，只有少量渔民在此捕鱼、栖身。新中国成立后，太平镇渔民逐步利用此地避风、聚集，销售渔获及补给生产、生活资料。

1958 年 10 月，由 4 个聚居点的渔民在道滘闸口村合并成立"道滘渔民大队"，属莞城渔业公社管辖。1962 年，太平渔业公社社址迁此。1968 年 8 月莞城渔业公社道滘大队从道滘迁入沙田辖区，建址于沙田横流西侧、东江南支流东岸。后改为新湾渔业公社先锋大队（取"学雷锋、争先进"之意），属新湾镇管辖。1998 年 9 月划归沙田镇管辖。

1977~1980 年扩建新湾渔港，渐成码头 1 座，防浪堤 1 条，船排 2 座，护岸堤 3000 米，油库 1 座，冷冻厂 1 间，供水供电设备及新建楼宇、住宅一大批。

1983 年 10 月，撤销人民公社建制，设立新湾区公所。新湾区下辖新湾、向东、四新、先锋、红锋等 5 个乡。

1986 年 11 月 8 日，撤销新湾区，设立新湾镇。

1998 年 7 月，撤销新湾镇，其所属港湾、向东等 10 个管理区和新湾居委会所在地域共 4.8 平方公里并入虎门镇版图。

2. 新兴村

1963 年，石龙渔业公社成立。新兴村前身是原石龙渔业公社下辖的四个渔业生产大队。

1974 年 9 月，太平（旧渔港）、莞城（原东莞万江）、石龙三个渔业公社合并为新湾渔业公社，石龙片有新龙、新峰、新桥、新石四个渔业大队（今新兴村）。1983 年撤销人民公社建制，设立新湾渔业区公所，下辖石龙片改为四新乡政府（包括新龙、新峰、新桥、新石四个自然村）。1987 年 4 月，以原来的四个自然村为单位，建立四个管理区，属新湾镇辖。1998 年，撤销新湾镇，并入虎门镇。1999 年，原新湾镇辖的新龙、新桥、新石、新峰四个管理区合并设置为新兴行政村，成立村民委员会，隶属于虎门镇政府。

新兴村村民主要从事海洋渔业捕捞、水上运输及养殖业。

3. 渔港村

渔港村原属东莞市新湾镇管辖。1998 年，新湾镇建制撤销，其行政区域并入虎门镇。1999 年，原新湾镇辖的新湾、港湾、东湾 3 个管理区合并设置为渔港行政村，成立村民委员会，仍属虎门镇辖。2000 年，渔港村辖新湾、港湾、东湾 3 个村民小组。

三 麻涌镇

1. 麻涌建置

1953 年 1 月土地改革复查后，麻涌属东莞县第十四区。

1954 年 6 月 30 日，从第十四区划出鲩沙归第十一区（沙田）。

1955 年 9 月，第十四区改称麻涌区。

1958 年 9 月，成立麻涌人民公社。

1964 年 7 月，辖麻一、麻二、麻三、麻四等 13 个大队。

1983 年，麻涌下辖的生产大队改称为乡。

1987 年 10 月，麻涌镇下辖的 13 个乡改为 13 个管理区和 1 个居民委员会。

1991 年 12 月 12 日，黎滘村鸥涌管理区析出，成立黎滘管理区。

1999 年 6 月，撤销 14 个管理区，改称为 14 个乡。

1999 年 6 月至 2008 年底，下辖麻一、麻二、麻三、麻四、漳澎、大步等 14 个村和麻涌居民委员会，107 个村（居）民小组。

2. 麻二村

立村于明洪武元年（1368），明太祖朱元璋派董、叶两姓驻兵在此，后落籍屯田，故初称"董叶乡"，又因当时村内居住的都是军人，房屋分布如一座城，故俗称"军城"。自立村至 1950 年初，属番禺县管辖。1946～1950 年初，称番禺县第四区十五屯乡。1950 年 5 月，十五屯乡划归东莞县管辖，董叶乡（军城）归属麻涌。1950 年 12 月至 1952 年 12 月，称东莞县第八区（区公所设在道滘）麻涌乡军城村。人民公社时期为麻二大队，1983 年设乡，1987 年改为管理区，1999 年 6 月称麻二村，2005 年 5 月改为麻二社区。

3. 原麻二运输队

麻涌设立十四区后，由于石龙镇水运队给它分拨了一批船只，从而成立麻涌水上运输队，交通运输有了一些起色。初时，该队办公室竹棚搭在八坊沙仔鲡的河滩上，办起事来有些不便。1954 年夏天，运输队迁移到南坦基，并建立了东莞县麻涌港务站和运输队。

4. 南坦基

坐落在今麻二村正南，现在的面积有近 1000 亩之大。最初只是许多片由于不断的泥沙淤积而形成的高出水面的小块陆地，此后不断扩大、相互连缀，终至千亩之阔。

四　东城街道

1. 鳌峙塘

1949 年 11 月，东莞县区、乡调整，东城区域分属莞城市、东莞县第二区和第五区管辖。鳌峙塘属第五区峡口乡。

1953 年春，东莞县划分为 15 个区，东城区域分属第一区、第二区管辖。鳌峙塘属第二区峡口乡。

1957 年 12 月 26 日，全县撤区设乡。撤销附城区，成立篁村、罗沙、温塘 3 个大乡。原附城区各个小乡分别划入 4 个大乡管辖。峡口乡属石龙大乡管辖。

1977 年 10 月，附城公社内部调整，原峡口大队分为峡口、鳌峙塘、柏洲边 3 个大队。

1983 年 4 月，全县撤社建区。附城区管辖堑头、黎川、柏洲边、峡口、鳌峙塘等 19 个乡，1 个乡级镇（岗贝镇），118 个村民小组。

1987 年 10 月 7 日，附城区改为附城街道，撤销乡，成立管理区，鳌峙塘为其所辖的 105 个村庄之一。

2000 年 4 月 14 日，附城更名东城，管辖温塘、桑园、鳌峙塘等 19 个村民委员会。

2003 年春，将温塘、桑园、鳌峙塘等 8 个村民委员会改制为社区居民委员会。

2. 鳌峙塘村的传说

鳌峙塘相传唐末宋初（875～979）立村，因村建于卢氏人家的一口鱼塘边，始称卢氏塘。后因村东面有座鳌山拔地而起，与村南面的狮山、古寺相对峙，山下有口大鱼塘，村立于塘边，故改今名。

五　中堂镇

红锋（行政）村位于中堂圩的西南角，南临中堂水道，隔中堂水道与郭州村相望，西与北面是东向村。该村于新中国成立初期由渔民聚居而形成。1955 年，中堂渔业互助组成立；1958 年，称中堂渔业大队，隶属莞城渔管区；1959 年 10 月，隶属东莞县渔业公社；1963 年夏，隶属莞城渔业公社；1972 年，全县三个渔业公社合并为新湾公社。1974 年，"中堂渔业三大队"改为红锋渔业大队，隶属新湾渔业公社；1984 年，隶属新湾区；1987 年，改称红锋管理区，隶属东莞市新湾镇。1998 年 10 月，撤销新湾镇，红锋管理区隶属东莞市中堂镇，同年改称红锋村；2006 年 6 月改称红锋社区。

参考文献

一　古籍

［1］（清）陈梦雷等原辑，（清）蒋廷锡等重辑《古今图书集成》，中华书局、巴蜀书社，1986。

［2］（宋）陈师道、（宋）朱彧撰《后山谈丛　萍洲可谈》，李伟国校点，上海古籍出版社，1989。

［3］（清）邓淳编辑，陈文英参订《岭南丛述》，色香俱古室藏板，清道光十五年（1835）刻本。

［4］广东省地方史志办公室辑《广东历代方志集成·广州府部》，岭南美术出版社，2007。

［5］广东省地方史志办公室辑《广东历代方志集成·惠州府部》，岭南美术出版社，2009。

［6］广东省地方史志办公室辑《广东历代方志集成·省部》，岭南美术出版社，2006。

［7］（宋）范成大撰，严沛校注《桂海虞衡志校注》，广西人民出版

社，1986。

［8］（清）范端昂：《粤中见闻》，汤志岳校注，广东高等教育出版社，1988。

［9］（清）郭文炳编康熙《东莞县志》（据日本内阁文库藏我国康熙刻本影印），东莞市人民政府办公室，1994。

［10］（清）顾炎武：《天下郡国利病书》，黄坤等校点，上海古籍出版社，2022。

［11］（唐）刘恂：《岭表录异》；（宋）王韶之《始兴记》；（宋）方信孺：《南海百咏》合订，中华书局，1985。

［12］（明）邝露：《赤雅》，中华书局，1985。

［13］（宋）李焘：《续资治通鉴长编》，中华书局，2004。

［14］（唐）李延寿：《北史》，中华书局，1974。

［15］（清）屈大均：《广东新语》，中华书局，1985。

［16］（明）田汝成、（明）高洪：《炎徼纪闻 绥广纪事》，中华书局，1985。

［17］（明）王士性：《王士性地理书三种》，周振鹤编校，上海古籍出版社，1993。

［18］（宋）王象之：《舆地纪胜》，中华书局，1992。

［19］（唐）魏徵、令狐德棻撰《隋书》，中华书局，1973。

［20］（宋）乐史：《太平寰宇记》，王文楚等点校，中华书局，2007。

［21］（明）张二果、曾起莘：崇祯《东莞县志》，杨宝霖点校，东莞市人民政府办公室，1995。

［22］（清）张廷玉等撰《明史》，中华书局，1974。

［23］（清）张渠、（清）陈徽言撰《粤东闻见录 南越游记》，程明、谭赤子校点，广东高等教育出版社，1990。

[24]（明）张燮：《东西洋考》，中华书局，1981。

[25]（宋）周去非著，杨武泉校注《岭外代答校注》，中华书局，1999。

二　著述及有关资料

[1] 陈启文、王十月、詹谷丰等：《沧海沙田》，广东人民出版社，2011。

[2] 陈序经：《疍民的研究》，商务印书馆，1946。

[3] 程美宝：《遇见黄东：18—19 世纪珠江口的小人物与大世界》，北京师范大学出版社，2021。

[4]《东莞市长安镇志》编纂委员会编《东莞市长安镇志》，广东人民出版社，2009。

[5]《东莞市茶山镇志》编纂委员会编《东莞市茶山镇志》，岭南美术出版社，2010。

[6]《东莞市常平镇志》编纂委员会编《东莞市常平镇志》，广东人民出版社，2009。

[7]《东莞市东坑镇志》编纂委员会编《东莞市东坑镇志》，岭南美术出版社，2008。

[8]《东莞市东城区志》编纂委员会编《东莞市东城区志》，中华书局，2012。

[9] 东莞市地方志编纂委员会编《东莞市志》，广东人民出版社，1995。

[10] 东莞市道滘镇编志组编《东莞市道滘镇志》，方志出版社，1991。

[11]《东莞市莞城志》编纂委员会编《东莞市莞城志》，岭南美术出版社，2011。

[12]《东莞市虎门镇志》编纂委员会编《东莞市虎门镇志》，广东

人民出版社，2010。

［13］《东莞市厚街镇志》编纂委员会编《东莞市厚街镇志》，广东
人民出版社，2015。

［14］《东莞市洪梅镇志》编纂委员会编《东莞市洪梅镇志》，广东
人民出版社，2010。

［15］《东莞市海洋与渔业志》编纂委员会编《东莞市海洋与渔业
志》，广东人民出版社，2014。

［16］《东莞市横沥镇志》编纂委员会编《东莞市横沥镇志》，岭南
美术出版社，2010。

［17］《东莞市南城区志》编纂委员会编《东莞市南城区志》，广东
人民出版社，2015。

［18］《东莞市石碣镇志》编纂委员会编《东莞市石碣镇志》，中华
书局，2010。

［19］《东莞市麻涌镇志》编纂委员会编《东莞市麻涌镇志》，中华
书局，2012。

［20］《东莞市石排镇志》编纂委员会编《东莞市石排镇志》，中华
书局，2010。

［21］《东莞市万江区志》编纂委员会编《东莞市万江区志》，中华
书局，2010。

［22］《东莞市望牛墩镇志》编纂委员会编《东莞市望牛墩镇志》，
广东人民出版社，2013。

［23］《东莞市中堂镇志》编纂委员会编《东莞市中堂镇志》，广东
人民出版社，2012。

［24］东莞市政协编《东莞风俗：叙述与研究》，广东人民出版
社，2008。

［25］ 东莞市政协编《东莞历史文化论集》，广东人民出版社，2008。

［26］ 东莞市政协、暨南大学历史系主编《明清时期珠江三角洲区域史研究》，广东人民出版社，2011。

［27］〔美〕穆黛安：《华南海盗（1790—1810）》，刘平译，中国社会科学出版社，1997。

［28］ 佛山地区革命委员会《珠江三角洲农业志》编写组编《珠江三角洲农业志（初稿）》，1976。

［29］ 广东省东莞市虎门镇志编纂委员会编《虎门镇志》，方志出版社，2016。

［30］ 广东省民族研究所编《广东疍民社会调查》，中山大学出版社，2001。

［31］ 李庆新、郑德华主编《海洋史研究（第六辑）》，社会科学文献出版社，2014。

［32］ 黄淑娉主编《广东族群与区域文化研究》，广东高等教育出版社，1999。

［33］ 黄淑娉、龚佩华：《广东世仆制研究》，广东高等教育出版社，2001。

［34］ 黄新美编著《珠江口水上居民（疍家）的研究》，中山大学出版社，1990。

［35］ 贺喜、科大卫主编《浮生：水上人的历史人类学研究》，中西书局，2021。

［36］ 贺喜：《亦神亦祖——粤西南信仰构建的社会史》，三联书店，2011。

［37］ 经君健：《清代社会的贱民等级》，四川人民出版社，2021。

［38］ 刘志伟：《在国家与社会之间：明清广东地区里甲赋役制度与

乡村社会》，中国人民大学出版社，2010。

［39］李权时、李明华、韩强主编《岭南文化》（修订本），广东人民出版社，2010。

［40］李晶：《中日渔民社会——社会转型期湛江与石卷地区渔民社会的人类学民族志》，社会科学文献出版社，2021。

［41］罗香林：《百越源流与文化》，台北：编译馆，1955。

［42］林有能、吴志良、胡波主编《疍民文化研究——疍民文化学术研讨会论文集》，香港出版社，2012。

［43］林有能、吴志良、龙家玘主编《疍民文化研究（二）——第二届疍民文化学术研讨会论文集》，香港出版社，2014。

［44］林有能、胡波、陈光良主编《疍民文化研究（三）——疍民文化学术研讨会论文集》，中山大学出版社，2018。

［45］莫稚：《南粤文物考古集（1955—2002）》，文物出版社，2003。

［46］饶宗颐著，黄挺编《饶宗颐潮汕地方史论集》，汕头大学出版社，1996。

［47］沙田镇文化服务中心、沙田镇宣传教育文体旅游办公室编著《莞脉·沙田疍民口述史》，百花文艺出版社，2023。

［48］沙田镇文化广播电视服务中心主编《沙田咸水歌》，羊城晚报出版社，2009。

［49］谭棣华：《清代珠江三角洲的沙田》，广东人民出版社，1993。

［50］伍锐麟著，何国强编《民国广州的疍民、人力车夫和村落：伍锐麟社会学调查报告集》，广东人民出版社，2010。

［51］吴水田：《话说疍民文化》，广东人民出版社，2013。

［52］吴水田、陈平平：《岭南疍民文化景观》，社会科学文献出版社，2017。

［53］吴永章、夏远鸣：《疍民历史文化与资料》，广东人民出版社，2019。

［54］杨宝霖：《自力斋文史农史论文选集》，广东高等教育出版社，1993。

［55］杨宝霖、钟百凌、李炳球编辑《东莞文史》（第二十七辑），政协东莞市文史资料委员会、东莞市虎门镇政府，1997。

［56］杨培娜：《生计与制度——明清闽粤滨海社会秩序》，社会科学文献出版社，2022。

［57］阎崇年：《袁崇焕传》，中华书局，2005。

［58］中共东莞市麻涌镇麻二村支部、东莞市麻涌镇麻二村村民委员会编《麻二村百年记事》（内部资料），2003。

［59］中共桥头镇委员会、桥头镇人民政府编《东莞市桥头镇志》，岭南美术出版社，2006。

［60］中共东莞市石龙镇委员会、东莞市石龙镇人民政府编《东莞市石龙镇志（第一卷）》，岭南美术出版社，2004。

［61］中共沙田镇委员会、沙田镇人民政府编《东莞市沙田镇志》，2003。

［62］中共沙田镇委宣传办、沙田镇文化广播电视服务中心主编《记忆沙田》，广东人民出版社，2012。

［63］政协东莞市文史资料委员会编《东莞文史》（第二十八期），政协东莞市文史资料委员会，1998。

［64］朱嫦巧、麦淑贤：《东莞疍民研究》，广东人民出版社，2018。

［65］张寿祺：《蛋家人》，香港中华书局，1991。

［66］张振江：《流水·坊巷·人家——村落漳澎的人类学景观》，中山大学出版社，2014。

[67] 张振江、陈志伟：《麻涌民俗志：岭南水乡社会研究》，汕头大学出版社，2008。

[68] 张振江、朱爱东、罗忱：《漳澎传统村落社会研究》，中山大学出版社，2016。

[69] 钟敬文编《蜑歌》，开明书店，1927。

[70] Genevieve A. Highland, Roland W. Force (eds.), *Polynesian Culture History*, Honolulu, Hawaii: Bishop Museum Press, 1967.

三　论文

[1] 陈碧笙：《关于福州水上居民的名称、来源、特征以及是否少数民族等问题的讨论》，《厦门大学学报》（文史版）1954 年第 1 期。

[2] 程美宝、蔡志祥：《华南研究：历史学与人类学的实践》，《华南研究资料中心通讯》第 22 期，2001。

[3] 傅贵九：《明清蜑民考略》，《史学集刊》1990 年第 1 期。

[4] 何格恩：《蜑族的来源质疑》，《岭南学报》第五卷第一期，1936。

[5] 何家祥：《农耕他者的制造——重新审视广东"蜑民歧视"》，《思想战线》2005 年第 5 期。

[6] 罗香林：《蛋家》，中山大学《民俗》第七十六期（蜑民专号），1929。

[7] 罗香林：《唐代蜑族考》，中山大学《文史学研究所月刊》第二卷第三、四期合刊，1934。

[8] 黄向春：《从蜑民研究看中国民族史与族群研究的百年探索》，《广西民族研究》2008 年第 4 期。

［9］ 黄新美：《珠江口水上居民（蜑家）种族现状的研究》，《中山大学学报》（哲学社会科学版）1990 年第 2 期。

［10］ 黄新美：《珠江水上居民（蜑家）的体质特征》，《贵州民族研究》1990 年第 3 期。

［11］ 黄新美、张寿祺、韦贵耀：《珠江口水上居民体质特征的研究》，《人类学学报》1988 年第 3 期。

［12］ 黄新美、韦贵耀、张寿祺：《珠江口虎门地区水上居民体质特征调查》，《中山大学学报》（哲学社会科学版）1989 年第 3 期。

［13］ 刘志伟：《地域空间中的国家秩序——珠江三角洲"沙田－民田"格局的形成》，《清史研究》1999 年第 2 期。

［14］ 韩振华：《试释福建水上蛋民（白水郎）的历史来源》，《厦门大学学报》（文史版）1954 年第 5 期。

［15］ 李萍：《从"他者"到"本土"——民国至今珠江三角洲蜑民咸水歌的历史叙事与文化变迁》，《中国音乐》2018 年第 6 期。

［16］ 茆晓君：《蜑民围海造田之历史回顾与评析》，《世界海运》2014 年第 7 期。

［17］ 莫雁诗：《试论蜑民不是民族》，《广西地方志》1995 年第 2 期。

［18］ 麻国庆：《明确的民族与暧昧的族群——以中国大陆民族学、人类学的研究实践为例》，《清华大学学报》（哲学社会科学版）2017 年第 3 期。

［19］ 麻国庆：《作为方法的华南：中心和周边的时空转换》，《思想战线》2006 年第 4 期。

［20］ 饶宗颐：《说蛋——早期蛋民史料之检讨》，香港《联合书院

学报》1967年第5期。

［21］唐国建：《从蛋民到"市民"——身份制与海洋渔民的代际流动》，《新疆社会科学》2011年第4期。

［22］王钢滨：《东莞沙田咸水歌的文化观察与分析》，《鸭绿江》（下半月版）2015年第10期。

［23］吴建新：《广东蛋民历史源流初析》，《岭南文史》1985年第1期。

［24］萧凤霞、刘志伟：《宗族、市场、盗寇与蛋民——明以后珠江三角洲的族群与社会》，《中国社会经济史研究》2004年第3期。

［25］谢永佳：《东莞蛋家水上歌谣初探》，《歌海》2014年第3期。

［26］叶显恩：《明清广东蛋民的生活习俗与地缘关系》，《中国社会经济史研究》1991年第1期。

［27］杨艳：《蛋民的精神支柱——咸水歌》，《大舞台》2010年第8期。

［28］杨艳：《东莞沙田蛋民咸水歌探究》，《音乐探索》2014年第1期。

［29］杨艳：《民间音乐咸水歌的"生命"延续——论广东咸水歌在东莞松山湖的旅游开发》，《大众文艺》2014年第10期。

［30］杨艳：《如何以计算机音乐制作的方式保护传承咸水歌——以乐谱制作为例》，《岭南音乐》2016年第4期。

［31］杨艳：《东莞沙田咸水歌的历史变迁初探》，《音乐创作》2016年第5期。

［32］朱嫦巧、曾裕菁：《东莞蛋民生计模式的历史考察——以养蚝、捞蚬和养鸭为例》，《艺术与民俗》2020年第1期。

［33］张寿祺、黄新美：《珠江口水上先民"疍家"考》，《社会科学战线》1988 年第 4 期。

［34］张寿祺：《水上先民（蛋家）与广东农业》，《学术研究》1997 年第 10 期。

［35］张银锋：《族群歧视与身份重构：以广东"疍民"群体为中心的讨论》，《中南民族大学学报》（人文社会科学版）2008 年第 3 期。

［36］周大鸣：《论族群与族群关系》，《广西民族学院学报》（哲学社会科学版）2001 年第 2 期。

［37］周大鸣：《关于中国族群研究的若干问题》，《广西民族大学学报》（哲学社会科学版）2009 年第 2 期。

［38］詹坚固：《论雍正帝开豁广东疍户贱籍》，《学术研究》2009 年第 11 期。

［39］詹坚固：《试论蜑名变迁与蜑民族属》，《民族研究》2012 年第 1 期。

后　记

　　我从小生长在潮汕平原，只知广东有三大民系——潮汕人、广府人和客家人，却从未听闻过有疍家人。及至多年以后，才知道疍家这个群体曾在岭南大地生活久远，我的家乡粤东的沿海和江河水网地带也曾是疍家聚居之地。疍家人对广东以至岭南的发展做出了不可磨灭的贡献。

　　十几年前，在中山大学求学的时候，我的好朋友、哲学系的一个师妹邀请我去她家做客。夜色朦胧之中，我模模糊糊地跟着她走进海珠区厚德路那片居民楼，那种"意外"的感受至今记忆犹新！心中不禁感叹：广州竟还有这样的地方?! 那是离珠江不远的两层小楼，楼的正中间是楼梯，上了楼梯就是敞开的走廊。师妹家在二楼最靠近走廊一端的最里面的那一间。沿着走廊经过的每一家，家门都朝着走廊，走廊的尽头有一个"公共"洗手间。进到屋里，是一个长方形的几十平方米的开间，水泥铺就的地板，经过粉刷后仍能看出有点凹凸不平的墙壁，虽然不大，甚至也可以说有些老旧，但整个房间整洁而温暖。进门左手边是一个小厨房（有时候兼作"淋浴室"），房子的后半部分被分隔成两个小卧室，形成"两房一厅"

的格局。右边那个小房间是她的父母原先的卧室；左边那个小房间是祖母原来的卧室，在它的上方还用木板隔出一个小阁楼，那就是师妹的"房间"了。祖母在世的时候，"楼下"是祖母居住的地方，她则从小就在阁楼里阅读、写作业、听古典乐、休憩。师妹后来就读于华南师范大学附属中学，本科考上了中山大学哲学系并被保送本系继续攻读硕士学位。

参加工作后，我有机会接触到疍民研究，并成功申报了 2012 年度广东省哲学社会科学"十二五"规划地方历史文化特色项目"东莞水上居民（疍民）研究"。后来无意间跟这个师妹讲起，她才告诉我，她的祖母就是疍民。她说，家附近的永兴街也有很多上岸的疍家人被安排住在那里。对于祖母那一辈人的生活，她不熟悉，基本上不了解。师妹的思想观念、生活方式等已经完全是广府人的样子，她就是一个地道的广州人，从她身上已经完全看不出疍家人的痕迹了。随着资料的搜集与阅读以及实地走访的推进，我对疍家这个群体的了解日渐加深，这时我也才"恍然大悟"！原来十几年前的那个晚上，我竟然在政府为广州疍民上岸安居而兴建的"渔民新村"里住了一宿！这是我第一次如此近地接触疍家人的后代。现在回忆起来，倍感珍贵！

后来项目顺利结项，结题报告中个人撰写部分已有一本小册子的体量，但一直未有修订出版的设想和行动。恰逢东莞"双万"新起点社会科学丛书项目启动，本书的删订、增补才被提上议程。修改的工作比原先想象的要繁重，除了调整和重写了大部分篇章，整体篇幅也增加了一半左右。感谢广东省社会科学界联合会原副主席林有能先生多年的关心和鼓励！感谢吴水田教授当年对结题报告提出的修改意见！感谢中山大学华南农村研究中心主任、人文学部副主任、哲学系教授吴重庆老师于百忙中赐序！感佩其奖掖后进之襟怀！感谢陈师少明和师母李兰芬教授多年的提撕与关爱！感谢陈本皓师弟从中山大学图书馆帮忙查找和扫描资料！感谢东莞市沙田、虎门、中堂、企石、东城等镇街宣传文化系统的诸位同仁！特别感谢沙田镇文化服务中心展览馆负责人黎敬威先生和原主任王钢滨先生在实地调研和疍家资料方面提供的无私帮助！感谢广东省疍民文化研究会的各位老师！感念课题组成员一起调研的日子！

感谢中共东莞市委宣传部的领导和同仁的支持！感谢东莞市社会科学界联合会和东莞市社会科学院的领导和同事！特别感谢市社科联主席和市社科院院长张卫红先生，市社科联副主席肖乃勇先生，市社科院副院长黄琦教授，市社科院综合部主任潘澜女士、科研部主任韩耀东先生、欧阳洁慧女士、文化研究中心主任赵金阳先生和社会研究中心主任于鹏杰博士！东莞市社科联、社科院是一个温暖的大家庭，在领导和同事们的关怀和帮助下，本书才得以顺利出版！

本书的撰写正值笔者在中国社会科学院哲学研究所做访问学者期间，感谢指导老师赵汀阳教授！他探索式、开放式的教导方法，深刻而有趣的漫画，给予我很大的哲思空间和思想启发！感谢中国社科院哲学所的诸多师友，特别是"林泉琴社"的师（琴）友们！此外，除了从家里带到北京的图书和资料，本书引用的其他资料基本是从中国社科院图书馆借来的，图书馆老师们的热心让我感动！十三楼的报刊阅览室和中国社科院学者文库所在地，也是阅读、码字的绝佳去处。

最后，要特别感谢黄金平编辑！本书的名字便出自黄老师的建议，本来最理想的书名应该是《东莞疍民研究》，但很遗憾该书名已被其他作者使用。"校书犹扫落叶，旋扫旋生"，每一遍校对，都有不少需要修订的地方，每次都多亏黄老师的耐心与包容！如果没有他的高效与敬业，这本小书不会这么快付梓！这让我一再感受到他的古道热肠！

书稿搁置的时间越久，该感谢的人越难以一一列出。以上所举，难免挂一漏万，在此一并感谢曾经给予我关心和帮助的师长和朋友！

光阴，百代之过隙。转瞬，十二年倏忽而过。

这本小书，是一个小结。一方面，写完了，就该放下了；另一方面，书也将作为"独立存在者"，有其自身的"际遇"。由于各种原因，未能赴香港、澳门调研，就将未竟之事当作未来研究的一个缘起吧。对于修习哲学专业的我，东莞疍家这样一个研究领域实在是一个挑战！最初接触这个研究主题也有点"命题作文"的意味，因缘如此，欣然纳受！囿于个人学识，书中错漏不少，恳请方家不吝赐教！

陈　婕

2023 年 12 月于北京寓所

图书在版编目（CIP）数据

东莞疍家探析 / 陈婕著 . -- 北京：社会科学文献
出版社，2024.2
（东莞"双万"新起点社会科学丛书）
ISBN 978-7-5228-3219-7

Ⅰ.①东…　Ⅱ.①陈…　Ⅲ.①风俗习惯-文化研究-
东莞　Ⅳ.①K892.442.3

中国国家版本馆 CIP 数据核字（2024）第 025102 号

· 东莞"双万"新起点社会科学丛书 ·

东莞疍家探析

著　　者 / 陈　婕

出 版 人 / 冀祥德
责任编辑 / 黄金平
责任印制 / 王京美

出　　版 / 社会科学文献出版社
　　　　　　地址：北京市北三环中路甲 29 号院华龙大厦　邮编：100029
　　　　　　网址：www.ssap.com.cn
发　　行 / 社会科学文献出版社（010）59367028
印　　装 / 三河市尚艺印装有限公司

规　　格 / 开　本：787mm×1092mm　1/16
　　　　　　印　张：15　字　数：181 千字
版　　次 / 2024 年 2 月第 1 版　2024 年 2 月第 1 次印刷
书　　号 / ISBN 978-7-5228-3219-7
定　　价 / 88.00 元

读者服务电话：4008918866